Q
2192

INVENTAIRE SOMMAIRE

DE LA

COLLECTION CLÉMENT DE BOISSY

SUR LA

JURIDICTION ET LA JURISPRUDENCE DE LA CHAMBRE DES COMPTES

(Fonds fr. 10991-11082 et Nouv. acq. fr. 1565-1660.)

INVENTAIRE SOMMAIRE

DE LA

COLLECTION CLÉMENT DE BOISSY

SUR LA

JURIDICTION ET LA JURISPRUDENCE DE LA CHAMBRE DES COMPTES

(Fonds fr. 10991-11082 et Nouv. acq. fr. 1565-1660.)

PAR

Camille COUDERC

SOUS-BIBLIOTHÉCAIRE A LA BIBLIOTHÈQUE NATIONALE

PARIS

LIBRAIRIE ÉMILE BOUILLON, ÉDITEUR

67, RUE DE RICHELIEU, AU PREMIER

—

1895

EXTRAIT DE LA *Revue des Bibliothèques*

Avril-Juin 1895.

INVENTAIRE SOMMAIRE

DE LA

COLLECTION CLÉMENT DE BOISSY

SUR LA

JURIDICTION ET LA JURISPRUDENCE DE LA CHAMBRE DES COMPTES

(Fonds fr. 10991-11082 et Nouv. acq. fr. 1565-1660.)

De tous les travaux dont la juridiction et la jurisprudence de la Chambre des comptes ont été l'objet, celui de Clément de Boissy est incontestablement le plus complet. Il est aujourd'hui conservé au Département des manuscrits de la Bibliothèque nationale, sous les numéros 10991-11082 du fonds français et sous les numéros 1565-1660 des nouvelles acquisitions françaises. Son importance a été parfaitement reconnue et signalée par M. A.-M. de Boilisle, dans la *Notice sur la Chambre des comptes de Paris*, qu'il a placée en tête de ses *Pièces justificatives pour servir à l'histoire des premiers présidents*[1]. Les travailleurs s'en servent néanmoins fort peu, parce que les recherches n'y sont pas faciles. Nous espérons que le présent inventaire leur permettra d'utiliser, dans une plus large mesure, cette collection si précieuse pour l'histoire administrative de l'ancienne France.

Athanase-Alexandre Clément de Boissy était né à Créteil, le 16 sept. 1716. Il était fils d'un conseiller au parlement et petit-fils de Julien Clément, le célèbre chirurgien que Louis XIV avait anobli, en août 1711. Il prit, d'abord, ses grades d'avocat au Parlement. Il entra, ensuite, à la Chambre des comptes, où il fut reçu conseiller maître, le 13 juillet 1745, à la place de Jean de Layat.

---

1. Nogent-le-Rotrou, 1873, in-4º.

Il prit goût aux travaux d'érudition, qui étaient alors en grand honneur parmi ses collègues, et se fit remarquer par le dévouement avec lequel il travailla à la reconstitution des registres détruits dans l'incendie du 27 octobre 1737.

Dans les premiers mois de 1763, il commença, pour son compte personnel, un vaste dépouillement des Mémoriaux, des Journaux et surtout des Plumitifs, au double point de vue de la jurisprudence et de l'autorité de la Chambre. Le Roi ayant, par sa déclaration du 21 novembre 1763, ordonné à la Chambre, comme aux autres cours, de lui présenter « des mémoires sur le moyen de perfectionner et simplifier l'établissement, la répartition, le recouvrement et la comptabilité de tout ce qui compose l'état de ses finances et de donner à toutes lesdites parties la forme la moins onéreuse à ses sujets », Clément de Boissy, qui fut l'un des commissaires chargés de procéder à la rédaction desdits mémoires, proposa à ses collègues d'adopter le plan qui servait de base à son dépouillement, « comme étant propre à en servir également à leur travail[1] ». Les commissaires décidèrent, après examen, de faire part de ce plan à l'assemblée des semestres et de demander à la Chambre de concourir à son exécution. Cette assemblée se tint le 21 mars 1764[2]. Les conseillers correcteurs et auditeurs furent respectivement chargés d'en parler à leurs collègues et de rapporter leur avis.

Cet avis fut donné dans la séance du 6 avril. Les conseillers correcteurs approuvaient le travail, mais ne voulaient pas que les registres fussent déplacés. Ils sentaient, déclaraient-ils, toute l'utilité de l'ouvrage projeté par M. Clément, l'invitaient à le continuer et souhaitaient qu'il y fût aidé par des officiers de la Chambre désignés dans les différents ordres[3].

---

1. Franç. 10991, fol. 23.

2. Arch. Nat. P 2729 et 2821, fol. 35vo-36.

3. Voici, d'après le rapport de Le Marié d'Aubigny (Franç. 10991, fol. 11), les termes mêmes d'une partie de leur déclaration: « Ce projet offre un recueil immense de toutes les connaissances que la Chambre peut désirer. Il a pour objet de l'instruire, facilement et sans peine, de toutes les connaissances qui peuvent l'intéresser. Il n'existera plus aucune nature d'affaires publiques, générales ou particulières, dont on ne puisse trouver les principes, les exemples, les autorités, la solution, la décision. Il ne sera question que de chercher l'article dont on aura besoin, aussitôt l'histoire de tous les temps et de toutes les circonstances viendra s'offrir à nos regards. »

Les conseillers auditeurs, au contraire, ne se montraient pas favorables au projet. « L'approbation, disaient-ils, dans un long mémoire[1], dont le plan de cet ouvrage semble avoir été revêtu, n'est pas la suite d'un examen réfléchi, approfondi et combiné, mais l'effet d'une première impression produite par l'apparence de l'utilité qu'il présente. C'est un tableau qui prête à l'illusion, mais un retour sérieux doit imposer silence à la séduction de l'esprit. L'ouvrage est sujet à beaucoup d'inconvénients. »

D'abord, les affaires du Roi exigent de la part de la Chambre un secret qu'il n'est pas en sa puissance de rompre. Ce secret lui est prescrit par un grand nombre d'ordonnances et ce serait le violer que de prêter la main à l'exécution du plan proposé.

D'un autre côté, les affaires de la Chambre ne doivent pas être « produites au grand jour et se trouver rangées dans un ordre tel que, d'un coup d'œil, on puisse en apercevoir toute l'étendue, l'origine, les progrès, les modifications, les altérations causées par les différentes circonstances; les contestations avec plusieurs tribunaux; les profits de toute nature; les droits utiles considérés dans leur établissement, leur introduction, leur augmentation, suivis, calculés et vérifiés dans chaque époque; les droits honorifiques quelquefois contestés, accordés, restreints ou augmentés! Tous les corps politiques, dans la révolution des temps, ont éprouvé des nuages qu'il faut couvrir d'un voile mystérieux pour effacer, s'il se peut, le souvenir des moments où l'empire des lois n'était pas à l'abri de la surprise et de l'erreur! » Il est à craindre que « tant de sources fécondes — c'est ainsi que les conseillers auditeurs qualifient les archives de la Chambre — où l'on peut puiser des secours salutaires, ne produisent par leur réunion un torrent propre à faire quelque ravage! »

On pourrait, de plus, se trouver exposé à perdre le fruit d'usages anciens, établis par des motifs d'équité et de convenance, parce qu'ils seraient en contradiction avec la loi écrite tombée en désuétude et abandonnée sans exécution.

Enfin, l'ouvrage est immense et compliqué et son exactitude se concilierait difficilement avec les talents du génie le plus profond.

La Chambre fit remettre ce mémoire au conseiller maître Le

---

1. ranç. 10991, fol. 14-18.

Marié d'Aubigny et le chargea de rédiger un rapport sur l'affaire. Elle ne pouvait s'adresser à quelqu'un de plus sympathique et de plus compétent. Clément de Boissy composa de son côté un mémoire[1] en réponse à celui des conseillers auditeurs, mais il est à croire que son érudit collègue n'en eut pas besoin pour établir sa conviction. Le Marié d'Aubigny réfuta une à une, dans son rapport[2], toutes les objections présentées par les conseillers auditeurs, et proposa à la Chambre des conclusions qui, sur plusieurs points, dépassaient les demandes de Clément de Boissy. Celle-ci, dans sa séance du 16 mai 1764, les adopta toutes, à une seule exception près. Le Marié d'Aubigny proposait d'allouer à Clément de Boissy 3 000 livres par an, pendant trois ans, pour ses frais; la Chambre se contenta de réserver la question. Voici, d'ailleurs, les termes de son arrêt[3].

« ...La Chambre a ordonné et ordonne que Mᵉ Athanase-Alexandre Clément de Boissy, conseiller maître, sera invité de conduire, consommer et perfectionner ledit ouvrage; que tous les officiers qui composent les différents ordres de la Chambre seront pareillement invités de concourir et de veiller à l'exécution d'icelui, conjointement avec ledit Mᵉ Clément de Boissy, conseiller maître; à l'effet de quoy la Chambre s'en rapporte à ceux de ses membres dont le zèle et la bonne volonté les porteraient à entrer dans les mêmes vues; que pour faciliter l'exécution dudit ouvrage, et sans tirer à conséquence, tous greffiers de la Chambre et dépositaires de titres seront autorisés à donner audit Mᵉ Clément de Boissy toute communication, même avec déplacement des registres, comptes, pièces et acquits étant dans les différents dépôts de la Chambre, suivant qu'il le requerra, et sur son seul récépissé; se réservant la dite Chambre à pourvoir, par la suite et après la confection dudit ouvrage, tant à la réception et dépôt d'icelui en son greffe qu'à l'indemnité qu'elle croirait devoir accorder audit Mᵉ Clément de Boissy, pour raison des frais par lui faits pour l'exécution dudit ouvrage. »

Ainsi encouragé et aidé, Clément de Boissy reprit son travail et le continua pendant près de trente ans.

---

1. Franç. 10991, fol. 1-8.
2. Franç. 10991, fol. 11-22.
3. Franç. 10991, fol. 9-10; Arch. Nat. P 2729 et P 2821, fol. 84.

On est renseigné sur la façon dont il procéda par ses propres
explications et par les indications qui sont conservées dans le
ms. 5686 des nouvelles acquisitions françaises. Il avait rejeté
l'ordre alphabétique, parce que, dit-il, « la confusion en est
l'apanage. Aucun objet n'y trouve d'assiette fixe; la mémoire la
plus heureuse s'ébranle sur toutes les matières, lorsqu'elle veut
se rappeler l'emploi que l'esprit en a fait, pour reporter les notions
nouvelles de ce même objet dans le même article. » C'est dans « les
plans, » c'est-à-dire dans l'ordre méthodique, que le cher-
cheur trouve les plus grandes ressources. « Non seulement la
voie des plans est facile pour mettre dans les ouvrages la plus
grande précision, on peut dire que c'est la seule qui éclaire
l'homme[1]. » Clément de Boissy avait donc dressé un vaste plan
méthodique. Une copie de ce plan, celle probablement dont il
s'est lui-même servi, est aujourd'hui conservée dans le ms. 5686
des nouvelles acquisitions françaises. On jugera de sa valeur et
de son étendue par le présent inventaire. Il nous paraît utile
toutefois d'en reproduire ici les grandes divisions, pour en mieux
faire connaître l'arrangement et l'emploi.

PREMIÈRE PARTIE. — Juridiction de la Chambre. *Première section.*
De la Chambre en général et de ses officiers, 110-255. — *Deuxième
section.* Relations de la Chambre avec les autres cours et avec le gouvernement. 260-300.

DEUXIÈME PARTIE. — Jurisprudence de la Chambre. *Première section.*
Autorité de la Chambre à l'égard des droits honorifiques dus au Roi,
320-450. — *Deuxième section.* Autorité de la Chambre à l'égard des
enregistrements des volontés du Roi, 460-700. — *Troisième section.*
Autorité de la Chambre à l'égard des finances, 701-2290.

Ces sections sont divisées en chapitres qui comprennent, à leur
tour, un nombre plus ou moins grand d'articles. Les articles se
subdivisent eux-mêmes en une longue suite de paragraphes,
à chacun desquels est affecté un numéro. Cette numérotation
commence avec le n° 10 et se continue jusqu'au n° 2290.[1] Elle

---

1. Franç. 10991, fol. 5v•.

1. Nous donnons ainsi le premier numéro du plan manuscrit (Nouv. acq. fr. 5686,
fol. 2) et le dernier numéro que nous avons relevé dans la collection. Mais nous devons

est très irrégulière. Elle marche, en effet, tantôt par dizaines,
110, 120, 130, etc., tantôt par unités, 260, 261, 262, 263, etc. Elle
emploie, en outre, des sous-chiffres, 132^1, 132^2, 132^3, etc., qui eux
aussi vont tantôt par unités, tantôt par dizaines, 1280^{20}, 1280^{30}.
Ce dernier cas est le plus rare. C'est d'après cette numérotation
que les extraits sont aujourd'hui classés dans les volumes.

C'est aussi, naturellement, d'après cette numérotation et ce plan,
qu'ont travaillé les commis employés par Clément de Boissy. Peu
d'extraits sont de sa main[1]. Il ne semble s'être occupé, après
avoir arrêté son plan, que d'en diriger l'exécution. Afin d'obtenir
une exactitude plus grande et de rendre les recherches plus rapides,
ces extraits ont été reproduits, dans divers paragraphes,
autant de fois que le contenu présentait d'objets ou de points de
vue différents.

En 1786, la Chambre agita la question de savoir si elle ferait
imprimer ce vaste dépouillement. Clément de Boissy proposa de
faire paraître d'abord le plan qui avait servi de base au travail.
Sa proposition fut adoptée, dans la séance du 2 janvier 1787, malgré
l'opposition des conseillers correcteurs qui auraient voulu que
l'impression de l'ouvrage précédât celle du plan.

Malheureusement ce plan subit, avant d'aller à l'impression, un
certain nombre de modifications. Quelques articles et beaucoup de
paragraphes furent supprimés ou déplacés. La numérotation fut
régularisée et par suite complètement changée. Les paragraphes
reçurent des numéros qui vont de 1 à 897. Une concordance[2]
manuscrite fut bien établie entre les nouveaux numéros et les
anciens, mais elle ne permet pas de faire un emploi commode de
cette table. Elle ne saurait être utilisée aujourd'hui pour retrouver
rapidement dans la collection un article quelconque. Elle ne peut
servir qu'à donner une idée de l'importance et des divisions du
travail.

Les numéros de paragraphes ne sont pas les seuls qu'on voie
dans la collection de Clément de Boissy. Il en est d'autres qui

---

faire remarquer que rien ne répond, dans la collection, aux deux premiers numéros du plan :
10 et 100, et que, d'un autre côté, les numéros 2250-2290, que nous trouvons dans la
collection, ne figurent pas dans le plan manuscrit.

1. On ne le regrettera pas, lorsqu'on saura que sa petite écriture, aux lettres mal
formées, est d'une lecture peu facile.

2. Nouv. acq. fr. 1660.

sont placés, à côté des extraits, dans une colonne spécialement préparée pour les recevoir. Nous en trouvons la signification dans la note suivante qui termine le ms. 5686 des nouvelles acquisitions françaises[1].

« *Manière dont sont cottées les différentes parties qui concernent l'exécution de ce plan.* »

1o Traités sur chaque matière	120
2o Articles de chaque traité	3001
3o — de recette du compte principal	4001
4o — de dépense — —	4401
5o — de recette de la capitation	4801
6o — de dépense —	4851
7o — de recette du dixième.	4901
8o — de dépense —	4951
9o Extraits des pièces de recette du compte principal.	5001
10o — — de dépense — . .	5401
11o — des articles de recette de l'État du Roi .	5601
12o — — de dépense — . . .	5651
13o — — de recette de l'État au vrai . .	5701
14o — — de dépense — . . .	5751
15o — des pièces de recette de la capitation . .	5801
16o — — de dépense — . .	5831
17o — des articles de recette de son État au vrai.	5861
18o — — de dépense — . .	5881
19o — des pièces de recette du dixième	5901
20o — — de dépense —	5931
21o — des articles de recette de son État au vrai.	5961
22o — — de dépense — . .	5981
23o — des Ordonnances.	6001
24o — des Plumitifs.	7001
25o — des différents mémoires.	19001

C'est un moyen inattendu d'indiquer la provenance, c'est-à-dire de faire connaître la pièce, l'article ou l'ouvrage dans lequel le

---

1. Fol. 73. Nous avons légèrement modifié, pour plus de clarté, la disposition de ce tableau.

renseignement a été pris. On apprend ainsi, pour nous en tenir à un seul exemple, que tous les extraits accompagnés d'un nombre compris entre 7001 et 19000 ont été faits d'après les Plumitifs. Dans chaque paragraphe, la numérotation des extraits des Plumitifs commence, en effet, à 7001.

On remarquera que les chiffres réservés à cette série de registres sont de beaucoup les plus nombreux. C'est que le travail de Clément de Boissy a particulièrement porté sur cette collection. On peut suivre et contrôler une partie de ses dépouillements sur les registres qui sont aujourd'hui conservés aux Archives nationales. On y voit, en effet, des numéros au crayon qui ne sont autres que les numéros des paragraphes de son plan méthodique. Ces indications s'arrêtent à la fin du registre de 1759 [1].

Il ne faudrait pas en conclure que ce volume et cette date marquent le point d'arrêt du dépouillement et que des pièces ou des extraits des Plumitifs d'une époque postérieure ne doivent pas être cherchés dans la collection. Le travail fut certainement continué, mais d'une autre façon. Nous n'avons pas trouvé la date précise de son interruption. Tout porte à croire, cependant, que ce fut vers 1785.

Clément de Boissy y occupa [2] non seulement son fils J.-B. Clément de Sainte-Palaye, reçu conseiller maître, le 15 octobre 1773, mais encore deux, trois et quelquefois quatre commis qu'il paya de sa bourse. Ses frais s'élevaient, en 1785, à plus de 60 000 livres. Ses *extraits* pouvaient former 80 volumes in-fol. et le nombre de ses *fiches* ou *bulletins* n'était pas inférieur à 50 000 [3]. Clément de Boissy mourut à Sainte-Palaye, le 22 août 1793. Ses extraits

---

1. P 2722.

2. Pendant « plus de cinq à six ans. » Mémoire remis au Contrôleur général par M. de Flesselles, le 26 février 1785. Arch. Nat. F4 1002.

3. A. Boislisle, *Notice*, p. xviii. — Ces renseignements sont tirés d'une lettre de Clément de Boissy (23 avril 1785), dans laquelle il recommande son fils au contrôleur général, pour « la première des pensions des gages du Conseil » qui deviendra vacante. « J'ai amassé, dit-il, pour le service du Roy et de la Chambre plus de *quatre-vingt* volumes in-fol. de manuscrits et *cinquante milliers* de bulletins de sous-extraits, rangés par matières, qui m'ont coûté plus de *soixante mille* livres, ayant eu, pendant tout ce temps, deux, trois et quatre commis, sans que j'en aye reçu de la Chambre aucune indemnité. » Arch. Nat. F4 1002. Cette lettre se trouvait autrefois dans le carton F4 1184.

et ses fiches[1] furent déposés à la Bibliothèque nationale, le 30 octobre 1797, par l'un de ses fils, Clément de Blavette[2]. Les extraits furent reliés, en 1861, et les bulletins, en 1871 seulement. C'est ce qui explique pourquoi les extraits ont été insérés dans le fonds français[3], tandis que les bulletins ont dû prendre place dans le fonds des nouvelles acquisitions[4].

Il nous reste maintenant à faire connaître les différences que présentent ces deux séries et à expliquer pourquoi nous avons donné plus de développement aux notices de l'une qu'à celles de l'autre.

Dans la série des *extraits,* les analyses ou copies de pièces sont rangées, dans chaque paragraphe, d'après la provenance et d'après l'ordre chronologique. Ainsi, dans le paragraphe 132[1.1.] (Ms. 10992 (II), fol. 167), les extraits relatifs aux « Cérémonies auxquelles la Chambre assiste », qui ont été tirés des Plumitifs, commencent à l'année 1575 et se continuent, d'année en année, jusqu'en 1784 (Mss. 10993 (III) et 10994 (IV), fol. 1-333).

Dans les *bulletins* ou *fiches* la disposition est toute différente. Les paragraphes y portent bien les mêmes numéros que dans les extraits, mais ces paragraphes sont à leur tour divisés en autant de parties que le sujet le comporte. Ces bulletins constituent donc une sorte de table des matières très détaillée de ce qui se trouve dans les extraits. L'analyse qui y est donnée de chaque pièce ou de chaque extrait n'en est pas moins quelquefois très longue. Elle est presque toujours suivie d'un nombre qui n'est autre que le nombre indicateur de la provenance, dont il a été parlé ci-dessus. Ce nombre joint au numéro du paragraphe permet de retrouver, dans les volumes d'extraits, la pièce analysée ou copiée. Ainsi, la pièce (26 octobre 1758) relative à la victoire remportée, à Lutzelberg, par le prince de Soubise sur les Hessois et les Hanovriens, qui est analysée dans la subdivision I (*Messes, Te Deum ou autres prières*) du paragraphe 132[1.1.] (*Cérémonies auxquelles la Chambre assiste*) de la série des bulletins, et y est

---

1. Quelques-unes de ces fiches ont été égarées, celles en particulier qui étaient relatives aux paragraphes 2170 et suivants. Elles ont, en effet, certainement existé, car des renvois y sont faits dans la table alphabétique, dont il sera parlé plus loin.

2. L. DELISLE, *Cabinet des manuscrits*, t. II, p. 38.

3. En 1862, après avoir figuré dans le Supplément français, sous les numéros 4663[1-87].

4. Constitué en 1862, après la dislocation du Supplément français.

suivi du nombre 8182, entre parenthèses (Ms. 1567, fol. 31), se retrouve, dans le même paragraphe 132$^{1.1.}$ des extraits, au numéro 8182 (Ms. 10994, fol. 203). Et on a vu que ce numéro 8182 indiquait que cet extrait avait été fait d'après les Plumitifs.

Un exemple des subdivisions, dont les divers paragraphes ont été l'objet, dans les bulletins, ne sera peut-être pas inutile pour mieux faire comprendre les explications qui précèdent. Voici donc, quelles sont, dans cette série, les subdivisions du paragraphe 132$^{1.1.}$: *Cérémonies auxquelles la Chambre assiste.* Ces subdivisions sont indiquées, sur le bulletin, en haut et à droite, au-dessous du chiffre du paragraphe, à l'aide de chiffres romains et de sous-chiffres.

CÉRÉMONIES AUXQUELLES LA CHAMBRE ASSISTE[1]

I. — *Messes, Te Deum ou autres prières.* — I^1 Invitations : 1º par les maîtres des cérémonies; — 1^1 leurs noms et qualités; — 1^2 leurs habillements ; — 1^3 leurs séances; — 1^4 leurs discours et réponses à eux faites; — 1^5 comment ils sont introduits. — 11º Invitations quand la Chambre ne tient pas. — 111º Invitations par autres que par les maîtres des cérémonies; — 3^1 leurs noms et qualités ; — 3^2 leurs séances ; — 3^3 leurs habillements ; — 3^4 leurs discours et réponses. — I^2 Assistance en corps ou par semestres. — I^3 Habillements des officiers. — I^4 Rangs et séances.

II. — *Processions.* — II^1 Processions ordinaires et du jubilé. — II$^{1.1.}$ Invitations : 1º par les maîtres des cérémonies; — 1^1 leurs noms, qualités, habillements, séances et introduction. Voy. 1º; — 1^2 leurs discours et réponses à eux faites. — 11º Invitations quand la Chambre ne tient pas. — 111º Invitations par autres que par les maîtres des cérémonies ; — 3^1 leurs noms, qualités, séances et habillements. Voy. 1º; — 3^2 leurs discours et réponses à eux faites. — II$^{1.2.}$ Assistance en corps ou par semestres. — II$^{1.3.}$ Habillements des officiers. — II$^{1.4.}$ Rangs et séances. — II^2 Procession de sainte Geneviève. — II$^{2.1.}$ Invitations (*mêmes subdivisions que ci-dessus*). — II^3 Procession de l'expulsion des Anglais. — II$^{3.1.}$ Invitations (*mêmes subdivisions que ci-dessus*). —

---

1. Nouv. acq. fr. 1567 (III) fol. 1.

II⁴ Procession de la réduction de Paris. — II⁴·¹· Invitations (*mêmes subdivisions que ci-dessus*). — II⁵ Procession de l'Assomption. — II⁵·¹· Invitations (*mêmes subdivisions que ci-dessus*). — II⁶ Procession des États-Généraux. — II⁶·¹· Invitations (*mêmes subdivisions que ci-dessus*). — II⁷ Procession de l'entrée des évêques de Paris. — II⁷·¹· Invitations (*mêmes subdivisions que ci-dessus*).

III. — *Entrées des Rois et Reines.* — III¹ Ordre d'y assister. — III² Assistance en corps ou par semestres. — III³ Habillements. — III⁴ Rangs et séances.

IV. — *Cérémonies à l'égard des envoyés par le Roi pour affaire particulière.*

V. — *Publications de paix.*

VI. — *Compliments.* — VI¹ Avertissements pour députer. — VI² Députation ou tout le corps. — VI³ Habillements. — VI⁴ Rangs. — VI⁵ Réception des députés. — VI⁶ Dispense de députer. — VI⁷ Députation au Roi sur sa santé. — VI⁸ Compliments aux princes du sang.

VII. — *Eau bénite, enterrements, services.* — VII¹ Invitations : 1º par les maîtres des cérémonies ; — 1¹ leurs noms, qualités, séances et introduction. Voy. 1º ; — 1² leurs habillements ; — 1³ leurs discours et réponses. — 11º Invitations par autres que par maîtres des cérémonies ; — 2¹ leurs noms et qualités; — 2² leurs séances ; — 2³ leurs habillements ; — 2⁴ leurs discours et réponses ; — 2⁵ leur cortège. — 111º Semonces par les parents et amis du défunt. — 1vº Annonces par les jurés crieurs ; — 4¹ font le cri à portes ouvertes ; — 4² leur introduction ; — 4³ leur nombre ; — 4⁴ leurs clochettes ; — 4⁵ leurs habillements; — 4⁶ où se fait le cri ; — 4⁷ leurs discours ; — 4⁸ hérauts d'armes. — VII² Assistance en corps ou par semestres. — VII³ Habillements. — VII⁴ Rangs et séances. — VII⁵ Qui sont ceux pour qui le Roi fait faire service et à quels enterrements les Cours assistent. — VII⁶ A quels autres services et enterrements elles assistent sans ordres du Roi.

VIII. — *Entrée du légat.* — VIII¹ Invitations. — VIII² Députation. — VIII³ Salutations, compliments et assistances.

IX. — *Paranimphes.* — IX¹ Paranimphes de théologie ; — IX² de médecine.

X. — *Gardes qui accompagnent la Chambre dans les cérémonies.*

XI. — *Notification des cérémonies aux correcteurs et auditeurs.*

Ces subdivisions facilitent naturellement les recherches et leur donnent plus de précision. C'est pour cela que nous avons consacré des notices plus étendues aux volumes de fiches qu'aux volumes d'extraits.

Cette raison aurait suffi pour nous justifier d'avoir agi de la sorte, mais elle n'est pas la seule que nous puissions invoquer. Les bulletins ont été l'objet d'une table alphabétique, dont aucun autre système ne pouvait rendre l'emploi facile. Cette table remplit les manuscrits 11081-11082 du fonds français. Elle est très développée, sans être complète, mais ne comprend guère que des noms de matières. Peu de noms propres y ont été relevés. Elle n'en est pas moins d'un grand secours. Les renvois y sont faits à l'aide de deux numéros. Le premier est celui du paragraphe ; il peut, par conséquent, servir pour les extraits aussi bien que pour les bulletins ; il est souligné de deux traits de plume. Le second est celui de ces subdivisions de paragraphes, dont nous venons de parler, qui ne se trouvent que dans les bulletins.

On remarquera, enfin, que certains paragraphes ne figurent pas dans les bulletins, tandis qu'ils ont leur place dans les extraits. Nous avons pris soin de relever, dans l'inventaire de cette dernière série, ceux qui sont dans ce cas. En dehors de ces exceptions, nous n'avons indiqué, pour les extraits, que les premiers et les derniers paragraphes de chaque volume.

Nous avons fait suivre les numéros des différents paragraphes de ceux qu'on leur a donnés, dans la table imprimée. Cela n'a pas toujours été possible, parce que certains paragraphes de la collection ne se retrouvent pas dans la table. D'un autre côté, on a introduit, dans la table imprimée, des paragraphes qui ne figuraient pas dans le plan primitif, et n'ont été, par suite, l'objet d'aucun extrait. Il ne nous a pas paru utile de reproduire la concordance manuscrite des numéros de cette table avec ceux de la collection, qu'on trouve dans le ms. 1660 des nouvelles acquisitions françaises et dans les mss. français 11081-11082. Cette concordance est, d'ailleurs, fautive en plus d'un endroit.

C. COUDERC.

PREMIÈRE SÉRIE. — EXTRAITS

(Mss. fr. 10991-11082).

10991 (I). — Mémoire de Clément de Boissy sur le plan et l'utilité de son ouvrage présenté par lui à la Chambre des comptes, en réponse au mémoire des conseillers auditeurs (fol. 1-8). — Arrêt de la Chambre en faveur du projet de Clément de Boissy, 16 mai 1764 (fol. 9-10). — Rapport de Le Marié d'Aubigny sur ledit projet (fol. 11-22). — « Avertissement sur l'introduction à la jurisprudence de la Chambre des comptes » (fol. 23). — De la Chambre et de ses officiers, en général, **110**-3. — De la Chambre, en général, **120**-4. — 353 feuillets.

10992 (II). — De la Chambre, en général (*suite*), **120**-4. — Cérémonies auxquelles elle assiste, **132** $^{1.1.}$-9. — 468 feuillets.

10993 (III). — Cérémonies auxquelles la Chambre assiste (*suite*), **132** $^{1.1.}$-9. — 398 feuillets.

10994 (IV). — Cérémonies auxquelles la Chambre assiste (*suite*), **132** $^{1.1.}$-9. — Temps des séances et des vacances de la Chambre, **132** $^{1.2.}$-10. — 402 feuillets.

10995 (V). — Temps du service lorsque la Chambre entre, **132** $^{1.3.}$-11. — Épices, **132** $^{3.56.}$-15. — 392 feuillets.

10996 (VI). — Épices (*suite*), **132** $^{3.56.}$-15. — Buvette, **132** $^{3.77.}$-35. — 365 feuillets.

10997 (VII). Cierges de la Chandeleur, **132** $^{3.78.}$-34. — Réceptions d'officiers, en général, **133**-80. — 419 feuillets.

10998 (VIII). — Règlements entre les ordres, en général, **134**-81. — Conseillers maîtres : Leurs fonctions, **162** ^{1}-92. — 391 feuillets.

10999 (IX). — Conseillers maîtres : Leurs privilèges particuliers, **162** 2-93. — Relations et règlements avec les conseillers correcteurs, **164** 2-98. — 421 feuillets.

11000 (X). — Relations et règlements avec les conseillers auditeurs, **164** 3-99. — Relations et règlements avec les trésoriers de France, **164** 6-102. — 410 feuillets.

11001 (XI). — Relations avec les trésoriers de France (*suite*), **164** 6-102. — Conseillers auditeurs : Leurs fonctions, **182** 1-119. — 422 feuillets.

11002 (XII). — Conseillers auditeurs : Leurs privilèges particuliers, **182** 2-120. — Gens du Roi, **190** 132. — 377 feuillets.

11003 (XIII). — Avocat général, **191**-133. — Greffiers : Leurs profits, **202** 3-142. — 394 feuillets.

11004 (XIV). — Greffiers : Leurs réceptions, **203**-143. — Leurs relations avec les gens du Roi, **204** 3-147 ; — Huissiers : Leurs profits, **232** 3-180. — 368 feuillets.

11005 (XV). — Huissiers : Leurs réceptions, **233**-181. — Trésoriers de France : Leurs fonctions, **252** 1-203. — 396 feuillets.

11006 (XVI). — Trésoriers de France : Leurs fonctions (*suite*), **252** 1-203. — Trésoriers de France : Leurs réceptions, **253**-206. — 460 feuillets.

11007 (XVII). — Relations des trésoriers de France avec les conseillers maîtres, **254**1-208. — Relations de la Chambre avec le Parlement et préséance, **265**-218. — 356 feuillets.

11008 (XVIII). — Relations de la Chambre avec le Parlement et préséance (*suite*), **265**-218. — 458 feuillets.

11009 (XIX). — Relations de la Chambre avec les autres Chambres des comptes, **266**-219. — Ses relations avec la Cour des aides, **267**-220. — 426 feuillets.

11021 (XXXI). — Acquisitions ou échanges faits par le Roi (*suite*), **490**-269. — Lettres d'apanages des princes, etc., **495**-284. — 372 feuillets.

11022 (XXXII). — Ratifications de contrats faits par les princes apanagistes, **496**-286. — Exemptions de traites domaniales, **507**-279. — Ratifications de vente d'une terre de mouvance, **510**-281. — 462 feuillets.

11023 (XXXIII). — Lettres de noblesse, armoiries, **515**-293. — Lettres de bourgeoisie, **522**-294. — 468 feuillets.

11024 (XXXIV). — Lettres de naturalité, **525**-303. — Brevets ou dons de pensions, **535^1**-315. — 465 feuillets.

11025 (XXXV). — Brevets ou dons de pensions, **535^1**-315. — Lettres de dons et aumônes aux communautés religieuses, etc. **535^3**-318. — 381 feuillets.

11026 (XXXVI). — Lettres de dons et aumônes aux communautés religieuses, etc., (*suite*), **535^3**-318. — Lettres de dons de prélation, **535^6**-316. — Lettres de privilèges ou gratifications pour commerce exclusif ou autres causes, **537^1**-312. — 395 feuillets.

11027 (XXXVII). — Lettres d'exemption de charges publiques, **537^2**-296. — Lettres d'amortissement de biens acquis par les communautés **555**-338. — 384 feuillets.

11028 (XXXVIII). — Lettres d'amortissement de biens acquis par les communautés (*suite*), **555**-338. — Révocations, **582**-352. — 432 feuillets.

11029 (XXXIX). — Lettres de validation de levées d'impôts, **583**-353. — Lettre de remise ou d'exemption moyennant finance, **599**-365. — 402 feuillets.

11030 (XL). — Lettres de payement des dettes des Rois avant leur avènement, **600**-373. — Lettres sur l'existence légale des comptables, créations, **615^1**-379. — 417 feuillets.

11031 (XLI). — Édits de confirmation d'offices comptables, **615²**-380. — Édits de commutation d'offices, **615⁶**-381. — Lettres pour assignation de payement de gages, **617¹⁰**-390.— Lettres d'intermédiat pour toucher les gages de l'officier précédent, **617²⁰**-391. — Lettres d'augmentation de finances, **618**-395. — 390 feuillets.

11032 (XLII). — Lettres de provision d'office et dispenses, **620** 396 et 405. — 332 feuillets.

11033 (XLIII). — Lettres d'expectative de charges, **621**-400. — Lettres pour officiers par commissions, **630**-416. — 212 feuillets.

11034 (XLIV). — Lettres pour officiers par commissions (*suite*), **630**-416. — Lettres de décharge de compter ou de corriger, **665**-429. — 430 feuillets.

11035 (XLV). — Lettres sur les délais de compter, **670**-427. — Lettres de pardon et d'abolition, **680**-430. Cf. 2240. — Dépôt du greffe, **700**-435. — 430 feuillets.

11036 (XLVI). — Dépôt du greffe (*suite*), **700**-435. — Notions préliminaires sur les finances en général, **701**-437. — 404 feuillets.

11037 (XLVII). — Notions préliminaires sur les finances en général (*suite*), **701**-437. — Réglements généraux pour les comptables : Ne doivent être étrangers, **730¹**-441. — Ne doivent être marchands, **730²**-442. — Peuvent cependant prendre intérêt dans les **compagnies de commerce, 730³**-443. — Ne peuvent prendre les fermes des particuliers, **730⁴**-444. — Ne peuvent être nommés par des engagistes, **730⁵**-445.— Lois somptuaires contre eux, **730⁷**-447. — Leurs fonctions : Contraintes contre les sujets du Roi, **730⁸**-450. — Ne doivent différer de payer les mandements du trésorier de l'épargne, **730¹¹**-456.—Taxes pour commission extraordinaire, **730¹⁸**-466. — Ne peuvent acheter des biens dans l'étendue de leur comptabilité, **730¹⁹**-465. — Responsables de leur gestion, **730²⁰**-469. — Tenus des débets de leur prédécesseur, **730²²**-475. — Défense de jouer les deniers de leurs recettes, **730²³**-478. — Défense de jouer les deniers de leur gestion, **730²⁴**-479. — Trésoriers sont exempts des recherches des Chambres de justice, **730²⁵**-480. — Commis des comptables ne doivent donner quittances

en leur nom, **730** [26]-482. — Permission de résigner, **730** [29]-473. — Vente de leur office, **730** [30]-474. — Leurs biens sont tenus de leurs comptes après eux, **730** [31]-476. — 377 feuillets.

11038 (XLVIII). — Réglements pour les comptables : Réception des titulaires, **735** [1]-487. — La Chambre fait payer les parties prenantes, **735**[12]-502. — 381 feuillets.

11039 (XLIX). — La Chambre fait payer les parties prenantes *(suite)*, **735** [12]-502. — Elle juge des saisies entre les mains des comptables, **735** [24]-515. — Procédures civiles contre les comptables, **735** [29]-522. — 414 feuillets.

11040 (L). — La Chambre ordonne contre les comptables des contraintes par corps, appositions de scellés, etc., **735** [30]-524. — Réglements généraux pour les états au vrai, **740** [2. 20.]-529. — Acquits et quittances, **740** [3]-531. — 416 feuillets.

11041 (LI). — Forme des bordereaux, **740** [4]-532. — Forme des comptes : Leur distribution, **740** [7]-535. — 408 feuillets.

11042 (LII). — Forme des comptes : Leur remise au rapporteur, **740**[8]-536. — Fonctions des huissiers, **860**-551. — 394 feuillets.

11043 (LIII). — Fonctions des procureurs, **870**-552. — Comptes des recettes pour le Roi, **890**-554. — Comptes des parties casuelles, **960**-558. — 405 feuillets.

11044 (LIV). — Comptes des parties casuelles *(suite)*, **960**-558. — Comptes des postes, **980**-561. — 325 feuillets.

11045 (LV). — Comptes de la régie des postes, **981**-562. — Comptes de la ferme générale des postes, **982**-561. — Comptes des droits domaniaux, **1000**-569. — Comptes des domaines et bois, **1001**-570. — 391 feuillets.

11046 (LVI). — Comptes des domaines et bois *(suite)*, **1001**-570. — Comptes des domaines et bois : Meudon, **1012**-578. — 436 feuillets.

11047 (LVII). — Comptes des domaines et bois : Généralité de Montauban, **1013**-578 ; — Normandie, pendant la suppression de la Chambre des comptes, **1014** [20]-578. — Notice sur les terriers, **1029**-581. — Comptes des impôts, **1030**-582. — 425 feuillets.

11048 (LVIII). — Comptes des tailles, **1040-1045**-609. — 416 feuillets.

11049 (LIX). — Comptes des recettes générales des finances, **1050**-584. — Comptes de la recette générale des impositions des Dombes, **1055**. — Comptes des fermes générales, **1130**-645. — 462 feuillets.

11050 (LX). — Comptes des fermes générales (*suite*), **1130**-645. — Comptes des fermes particulières, **1140**. — Comptes de la ferme particulière des droits casuels, **1147**-635. — 440 feuillets.

11051 (LXI). — Comptes des droits sur les bois, **1148**-632. — Comptes des régies du Roi, **1155**. — Comptes d'anciennes comptabilités de recettes éteintes, **1190**. — Comptes d'amortissement de biens ecclésiastiques, **1190** [22]-625. — 348 feuillets.

11052 (LXII). — Des droits de consignation, **1190** [23]-639. — Comptes de la Chambre aux deniers, **1240**-677. — 390 feuillets.

11053 (LXIII). — Comptes de l'argenterie et menus plaisirs, **1250**-678. — Comptes de la maison de Monsieur et Madame d'Artois, **1290** [20]-683. — 410 feuillets.

11054 (LXIV). — Comptes de la maison du duc d'Orléans, **1300**. — Comptes de la guerre, tant sur mer que sur terre, **1310**-687. — Comptes de l'extraordinaire des guerres de deçà, **1330**-699. — 465 feuillets.

11055 (LXV). — Comptes de l'extraordinaire des guerres de deçà (*suite*), **1330**-699. — Comptes de l'extraordinaire des guerres de delà, **1332**-699. — Comptes des fortifications et réparations, **1340**. — Régie des poudres et salpêtres, **1365** [20]-690. — Comptes de la marine, **1370**-700 et 701. — 468 feuillets.

11056 (LXVI). — Comptes de la marine (*suite*), **1370**-700 et 701. — Comptes des étapes particulières de Lyon, Montbrison, Saint-Étienne et Villefranche, **1422-1426**-693. — Comptes du trésorier de l'ordre du mérite militaire, établi le 10 mars 1759, **1432** [20]-711.— Comptes des bâtiments du Roi, **1450**-719. — 421 feuillets.

11057 (LXVII). — Comptes des ponts et chaussées, **1460**-720. — Comptes des dépenses pour la sûreté publique, **1500**-725. — Comptes des boues et lanternes, **1525**-728. — Comptes des gages des officiers payés par des trésoriers particuliers, **1550**-732. — 399 feuillets.

11058 (LXVIII). — Comptes des gages du Parlement, **1561**-733. — Comptes des cours des monnaies ou boites des monnaies, **1610**. — Comptes des gages d'anciens officiers, dits charges sur les fermes, **1660** [20]-742. — 442 feuillets.

11059 (LXIX). — Comptes des gages des bureaux des finances, **1680** [1]-746. — Comptes des camps et armées, **1680** [8]-696. — Comptes des officiers de la ville de Paris, **1680** [9]-757. — Comptes des rentes constituées par le Roi, **1700**-763. — 409 feuillets.

11060 (LXX). — Comptes des rentes perpétuelles et viagères dites tontines, **1710**-764. — Comptes des rentes viagères autres que tontines, **1730**-765. — 499 feuillets.

11061 (LXXI). — Comptes des rentes viagères dites tontines, **1740**-781. — Comptes de la caisse des amortissements, **1750** [19]-783. — Intérêts de la caisse des amortissements, **1750** [20]. — Notices sur les compagnies de commerce, **1820**-801. — 412 feuillets.

11062 (LXXII). — Notice sur la compagnie de commerce de Lorraine, **1821**-802. — Notices sur les hôpitaux et prisons, **1870** [20]-821. — 458 feuillets.

11063 (LXXIII). — Comptes des secours accordés aux communautés de filles, **1871**-819. — Comptes des octrois et deniers communs des villes, **1880**-815. — 456 feuillets.

11064 (LXXIV). — Comptes des octrois et deniers communs des villes (*suite*), **1880**-815. — Notices sur les offices municipaux, **1880** [10]-816. — 479 feuillets.

11065 (LXXV). — Notices sur les deniers patrimoniaux, **1881**-817. — Comptes de la chefcerie de la S^{to}-Chapelle, **1936**-828. — 378 feuillets.

11066 (LXXVI). — Comptes de la chefcerie de la S^{to}-Chapelle (*suite*), **1936**-828. — Comptes des consignations, **1939**-639. — Comptes des épices, **1942**-832. — 472 feuillets.

11067 (LXXVII). — Comptes des épices, **1942**-832. — Jugement des comptes, **1970**³-843. — 464 feuillets.

11068 (LXXVIII). — Vices dans la présentation, **2010**-845. — Vices de recettes, **2020**-846. — Exécution des arrêts sur les comptes, **2080**-873. — 445 feuillets.

11069 (LXXIX). — Doubles des comptes, **2085**-874. — Appurement des comptes, **2110**-878. — Débets des restes des comptes après leur clôture, **2120**-879. — 460 feuillets.

11070 (LXXX). — Débets des restes des comptes après leur clôture (*suite*), **2120**-879. — Hypothèque du Roi, **2140**-884. — 445 feuillets.

11071 (LXXXI). — Scellés sur les effets des comptables, **2150**-885. — 484 feuillets.

11072 (LXXXII). — Scellés sur les effets des comptables (*suite*), **2150**-885. — 455 feuillets.

11073 (LXXXIII). — De la correction des comptes, **2160**-886. — Fonctions des conseillers correcteurs, avis de correction et députations aux jugements, **2170**-887. — Vices sujets à correction et maximes de correction, **2180**-888. — Jugements de correction, leur exécution sur les comptes et épices sur iceux, **2190**-889. — Débets et restes des comptes après la correction, **2200**-890. — Dépôt des contrôles en la Chambre de correction, **2203**-891. — De la révision des comptes en la Chambre du conseil, **2205**-892. — Notice sur ladite Chambre du conseil, **2206**-893. — 482 feuillets.

11074 (LXXXIV, 1re partie). — Autorité de la Chambre en matière criminelle, **2220**-895. — 288 feuillets.

11075 (LXXXIV, 2ᵐᵉ partie). — Autorité de la Chambre en matière criminelle (*suite*), **2220**-895. — Commissions qui sont données à plusieurs des membres de la Chambre pour assister aux Chambres de justice, procédures et jugements d'icelles, **2230**-896. — Amnistie accordée aux comptables et révocation des Chambres de justice, **2240**-897. — 317 feuillets.

11076 (LXXXV, 1ʳᵉ partie). — Procédures civiles tenues en la Chambre, **2250**. — Les requêtes s'y présentent, **2260**. — Jugements rendus sur les requêtes, délais de fournir cause d'opposition et de répondre, défauts, ordres de consigner, **2270**. — 324 feuillets.

11077 (LXXXV, 2ᵐᵉ partie). — Jugements rendus sur les requêtes (*suite*), **2270**. — Épices sur les requêtes, **2280**. — Objets qui ont une relation indirecte avec l'autorité de la Chambre, **2290**. — 326 feuillets.

11078 (LXXXVI). — " Traité de la Chambre des comptes ou collection des ordonnances, édits, déclarations, arrêts et règlemens tant sur sa juridiction que sur chacune des matières de sa compétence à l'égard : 1° des droits honorifiques dus au Roi ; 2° des enregistremens de ses volontés ; 3° de la manutention des finances dud. seigneur Roi, 1779, " par Clément de Boissy.

Fol. A-B. Table des matières. — Nous avons attribué ce traité à Clément de Boissy, non-seulement parce qu'il se trouve dans sa collection, mais parce qu'on y voit, en plusieurs endroits, des corrections ou changements autographes. Cette copie, ainsi revue et corrigée, n'est pas complète ; elle s'arrête, dans la deuxième partie, à l'art. 2 du chapitre I de la deuxième section. Une seconde copie, encore moins complète, puisqu'elle ne comprend que les quatre premiers articles du chapitre I de la première section, forme la fin du volume (pages 533-703). — A-B et 703 pages.

11079-11080 (LXXXVII). — " Mémoire sur les demandes formées, en 1775, par les conseillers correcteurs et auditeurs contre Mʳˢ les présidens et conseillers maîtres, 1776, " par Clément de Boissy.

Deux copies. — On lit, au bas du titre de la première copie (ms. 11079) : " Déposé au greffe de la Chambre, par arrêt du 2 août 1777. Dinant fecit ". — Le ms. 11080 n'a pas de tomaison générale et ne mesure que 308 millim. sur 200. Il est, de plus, relié en basane pleine, et les armes qu'il portait sur les plats ont été coupées. — I, 170 feuillets ; II, A et 170 feuillets.

11081-11082. — " Table alphabétique des bulletins tirés des ordonnances et des plumitifs sur la jurisdiction et la jurisprudence de la Chambre des comptes. "

I, A-J. — II, L-X.

Cette table n'a pas reçu de tomaison dans la série générale. Les feuillets 3-6 sont, dans chaque volume, occupés par des concordances. — 458 et 437 feuillets, 305 millim. sur 195. Rel. basane.

xviiie siècle. Papier. 92 volumes. 340 sur 235 millim. Demi-rel. parchemin blanc. — (Suppl. fr. 4663 1-90.)

DEUXIÈME SÉRIE. — BULLETINS

(Nouv. acq. fr. 1565-1660).

1565 (I). — Préface et observations générales (fol. 1). — PREMIÈRE PARTIE. JURIDICTION DE LA CHAMBRE. Section I. *De la Chambre, en général, et de ses officiers.* — De la Chambre, en général, **120**-4 (fol. 16). 559 feuillets.

1566 (II). — De la Chambre, en général, **120**-4 (*suite*). — Ancienneté et lieux des séances de la Chambre, **120**-149 (fol. 309). — Institutions et créations d'officiers en la Chambre des comptes, en général, **131**-7 (fol. 386). — Fonctions des différents ordres, **132** 1-8 (fol. 439). — 520 feuillets.

1567 (III). — Cérémonies auxquelles la Chambre assiste, **132** 1.1.-9 (fol. 1). — 639 feuillets.

1568 (IV). — Temps des séances et des vacances de la Chambre, **132** 1.2.-10 (fol. 1). — Temps de service, lorsque la Chambre entre, **132** 1.3.-11 (fol. 112). — Privilèges des différents ordres, en général, **132** 2-12 (fol. 127). — Profits des différents ordres, en général, **132** 3-13 (fol. 203). — Rentes appartenant à la Chambre, **132** 3.3. (fol. 328). — Taxes, **132** 3 13-25 (fol. 364). — Exemption de droits seigneuriaux, **132** 3 35-69 (fol. 418). — Exemption de tailles, subventions et aides, **132** 3 44-75 (fol. 438). — Exemption de francs-fiefs, **132** 3 45-76 (fol. 440). — Exemption des droits de sceau, **132** 3 46-71 (fol. 442). — Exemption des droits de péage, **132** 3 48-77 (fol. 456). — 460 feuillets.

1569 (V). — Épices, **132**[3] 56-15 (fol. 1). — Survivances, **132**[3] 66-29 (fol. 356). — Gages, **132**[3] 68-27 (fol. 372). — Menues nécessités, **132**[3] 69-32 (fol. 471). — 625 feuillets.

1570 (VI). — Remplages des épices sur les comptes, **132**[3] 70-16 (fol. 1). — Droit de robes, **132**[3] 71-62 (fol. 74). — Droit de pied-fort, **132**[3] 72-57 (fol. 87). — Parchemin, papier, ganivet, plumes, racloirs, etc., **132**[3] 73-48, 55 et 63 (fol. 127). — Sel, **132**[3] 74-37 (fol. 141). — Récompenses, **132**[3] 75-17 (fol. 253). — Bois, **132**[3] 76-36 (fol. 289). — Buvette, **132**[3] 77-35 (fol. 319). — Cierges de la Chandeleur, **132**[3] 78-34 (fol. 371). — Droit de Champagne et de Logres, **132**[3] 79-60 (fol. 376). — Droit de hareng, **132**[3] 80-41 (fol. 383). — Mortes-payes, **132**[3] 81-18 (fol. 385). — Droit d'écurie, **132**[3] 82-38 (fol. 387). — Droit de *stipes et nobis*, **132**[3] 83-19 (fol. 392). — Droit de Toussaint, **132**[3] 84-59 (fol. 407). — Droit de bougies, **132**[3] 85-46 (fol. 409). — Droits des Rois, roses, verres, dragées, etc., **132**[3] 86-42 à 45 (fol. 425). — Exemption d'entrées, **132**[3] 87-65 (fol. 441). — Exemption des droits de contrôle, **132**[3] 88-67 (fol. 446). — Exemption du droit d'immatricule de rentes sur la ville, des saisies, etc., **132**[3] 89-72 (fol. 448). — Exemption de droit sur le vin, dans leur maison de campagne, **132**[3] 90-66 (fol. 450). — Exemption du droit de quittances aux parties casuelles, **132**[3] 91-73 (fol. 453). — Rentes sur le greffe, **132**[3] 92-39 (fol. 454). — Exemption de toutes impositions, **132**[3] 93-68 (fol. 459). — Exemption du droit de joyeux avènement, **132**[3] 94-74 (fol. 462). — Redevances en blé, **132**[3] 95-61 (fol. 464). — Droits d'entrée et de chevêt, **132**[3] 96-21 (fol. 465). — Jetons et bourses, **132**[3] 97-23 et 47 (fol. 479). — Tiers des amendes[1], **132**[3] 100-22 (fol. 493). — Bourses communes, **132**[3] 101-20 (fol. 505). — Bourses de la grande chancellerie, **132**[3] 102-28 (fol. 554). — Gages des secrétaires de la Chambre du Roi, **132**[3] 103-30 (fol. 558). — Pensions, **132**[3] 104-31 (fol. 587). — 600 feuillets.

1571 (VII). — Rentes dues par la Chambre, **132**[3] 24. 105-79 (fol. 1). — Réceptions d'officiers, en général, **133**-80 (fol. 88). — Règlements entre les ordres et la Chambre, en général, **134**-81 (fol. 371). — Institutions et créations d'offices de présidents, **151**-83 (fol. 388). — Leurs fonctions, **152**[1]-84 (fol. 414). — 602 feuillets.

---

1. Il n'y a pas de 132[3] 98 et de 132[3] 99.

1572 (VIII). — Privilèges particuliers des présidents, **152** 2-85 (fol. 1).
— Leurs profits, **152** 3-86 (fol. 72). — Leur réception, **153**-87 (fol. 113).
— Contestations des présidents, **154**-88 et 89 (fol. 173).— Institutions et
créations d'offices de conseillers maîtres, **161**-91 (fol. 185). — Leurs
fonctions, **162** 1-92 (fol. 232). — 622 feuillets.

1573 (IX). — Privilèges particuliers des conseillers maîtres, **162** 2-93
(fol. 1). — Leurs profits, **162** 3-94 (fol. 83). — Leur réception, **163**-95
(fol. 117). — Contestations des conseillers maîtres avec les présidents,
164 1-97 (fol. 190); — avec les conseillers correcteurs, **164** 2-98 (fol. 348).
— 542 feuillets.

1574 (X). — Contestations des présidents et des conseillers maîtres
avec les conseillers auditeurs, **164** 3-99 (fol. 1); — avec le procureur
général, **164** 4-100 (fol. 404); — avec les substituts, **164** 5-101 (fol. 422).
— 423 feuillets.

1575 (XI). — Contestations avec les trésoriers de France, **164** 6-102.
— 493 feuillets.

1576 (XII). — Institutions et créations d'offices de conseillers correcteurs, **171**-104 (fol. 1). — Leurs fonctions, **172** 1-105 (fol. 21). — Leurs
privilèges particuliers, **172** 2-106 (fol. 70). — Leurs profits particuliers,
172 3-107 (fol. 102). — Leur réception, **173**-108 (fol. 137). — Leurs
contestations avec les conseillers maîtres, **174** 1-110 (fol. 187); — avec
les conseillers auditeurs, **174** 2-111 (fol. 291); — avec les gens du Roi,
174 3-112 (fol. 298); — avec les greffiers, **174** 4-113 (fol. 299); — avec
les gardes des livres, **174** 5-114 (fol. 302); — avec les huissiers, **174** 6-
115 (fol. 306). — Institutions et créations d'offices de conseillers
auditeurs, **181**-118 (fol. 308). — Leurs fonctions, **182** 1-119 (fol. 336). —
454 feuillets.

1577 (XIII). — Fonctions des conseillers auditeurs (*suite*), **182** 1-119
(fol. 1). — Leurs privilèges particuliers, **182** 2-120 (fol. 158). — Leurs
profits, **182** 3-121 (fol. 191). — Leur réception, **183**-122 (fol. 280). —
Leurs contestations avec les conseillers maîtres, **184** 1-124 (fol. 379);
— avec les conseillers correcteurs, **184** 2-125 (fol. 543); — avec les gens
du Roi, **184** 3-126 (fol. 547); — avec les greffiers, **184** 4-127 (fol. 549);
— avec les gardes des livres, **184** 5-128 (fol. 565); — avec les huissiers,

184[6]-129 (fol. 572); — avec les procureurs, **184**[7]-130 (fol. 574); — avec les conseillers au Chatelet, **184**[8]-131 (fol. 575). — 575 feuillets.

1578 (XIV). — Gens du Roi, **190**-132 (fol. 1). — Avocat général, **191**-133 (fol. 69). — Procureur général, **192**-134 (fol. 162). — 658 feuillets.

1579 (XV). — Substituts du procureur général, **193**-135 (fol. 1). — Contrôleur clerc du trésor, **194**-136 (fol. 58). — Institutions et créations d'offices de greffiers, **201**-139 (fol. 84). — Leurs fonctions, **202**[1]-140 (fol. 105). — Leurs privilèges, **202**[2]-141 (fol. 219).— Leurs profits, **202**[3]-142 (fol. 227). — Leur réception, **203**-143 (fol. 305). — Leurs relations avec les conseillers correcteurs, **204**[1]-145 (fol. 344); — avec les conseillers auditeurs, **204**[2]-146 (fol. 348); — avec le contrôleur des restes, **204**[5]-149 (fol. 359); — avec les huissiers, **204**[6]-150 (fol. 361). — Contrôleur du greffe, **205**-152 (fol. 362). — Institutions et créations des gardes des livres, **211**-154 (fol. 372). — Leurs fonctions, **212**[1]-155 (fol. 381). — Leurs privilèges, **212**[2]-156 (fol. 395). — Leurs profits, **212**[3]-157 (fol. 398). — Leur réception, **213**-158 (fol. 432). — Leurs relations avec les conseillers correcteurs, **214**[1]-160 (fol. 470); — avec les conseillers auditeurs, **214**[2]-161 (fol. 473). — Relieurs des livres de la Chambre, **218**-165 (fol. 474). — 509 feuillets.

1580 (XVI). — Institutions et créations de contrôleurs des restes, **221**-167 (fol. 1). — Leurs privilèges, **222**[1]-169 (fol. 18). — Leurs profits, **222**[2]-170 (fol. 24). — Leur réception, **223**-171 (fol. 48). — Notice sur le receveur général des restes, **225**-174 (fol. 67); — sur le solliciteur général des restes, **226**-175 et 882 (fol. 109). — Institutions et créations des huissiers, **231**-177 (fol. 118). — Leurs fonctions, **232**[1]-178 (fol. 139). — Leurs privilèges, **232**[2]-179 (fol. 306). — Leurs profits, **232**[3]-180 (fol. 325). — Leur réception, **233**-181 (fol. 500). — Leurs relations avec les conseillers correcteurs, **234**[1]-183 (fol. 531); — avec le contrôleur général des restes, **234**[3]-185 (fol. 533). — Relations des huissiers entre eux, **234**[4]-186 (fol. 535). — 563 feuillets.

1581 (XVII). — Notice sur le garde-bonnets et manteaux, **235**-187[2] (fol. 1). — Notice sur le portier, **236**-188 (fol. 8). — Institutions et créations d'offices de procureur, **241**-190 (fol. 23). — Leurs fonctions, **242**[1]-191 (fol. 55). — Leurs privilèges, **242**[2]-192 (fol. 131). — Leurs profits, **242**[3]-193 (fol. 137). — Leur réception, **243**-194 (fol. 271). —

Leurs relations avec les gardes des livres, **244** 2-197 (fol. 330). — Leurs relations entre eux, **244** 3-198 (fol. 332). — Clercs des procureurs, **245**-199 (fol. 360). — Chancellerie près la Chambre, **248**-200 (fol. 390). — 405 feuillets.

1582 (XVIII). — Institutions et créations des trésoriers de France, **251**-202 (fol. 1). — Leurs fonctions, **252** 1-203 (fol. 127). — Leurs privilèges, **252** 2-204 (fol. 540). — 641 feuillets.

1583 (XIX). — Profits des trésoriers de France, **252** 3-205 (fol. 1). — Leur réception, **253**-206 (fol. 104). — Leurs relations avec les présidents et conseillers maîtres, **254** 1-208 (fol. 463) ; — avec les conseillers correcteurs, **254** 2-209 (fol. 504) ; — avec les conseillers auditeurs, **254** 3-210 (fol. 505). — Huissiers des trésoriers de France, **255**-212 (fol. 506). — 508 feuillets.

1584 (XX). — Section II. *Relations de la Chambre avec les autres cours et avec le gouvernement :* Relations de la Chambre des comptes avec les autres cours, au sujet de la juridiction, **261**-214 (fol. 1) ; — avec les États du royaume, **262**-215 (fol. 33) ; — avec les États des provinces, **263**-216 (fol. 70) ; — avec le clergé de France, **264**-217 (fol. 105) ; — avec le Parlement, **265**-218 (fol. 125). — 530 feuillets.

1585 (XXI). — Relations de la Chambre des comptes avec le Parlement, au sujet de la juridiction (*suite*), **265**-218 (fol. 1) ; — au sujet de la préséance, **265** 208-218 (fol. 527). — 569 feuillets.

1586 (XXII). — Relations de la Chambre des comptes avec les autres Chambres des comptes, **266**-219 (fol. 1) ; — avec la Cour des aides, au sujet de la juridiction, **267**-220 (fol. 198) ; — avec la Cour des aides, au sujet de la préséance, **267** 132-220 (fol. 566) ; — avec le Grand Conseil, **268**-221 (fol. 576). — Conseils supérieurs, **269**-222 (fol. 639). — 641 feuillets.

1587 (XXIII). — Relations de la Chambre des comptes avec la Cour des monnaies, **270**-223 (fol. 1) ; — avec les Chambres royales de justice, **271**-224 (fol. 117) ; — avec le Châtelet, **272**-225 (fol. 125) ; — avec les officiers des eaux et forêts, **274**-227 (fol. 229) ; — avec la juridiction des consuls, **275**-228 (fol. 266) ; — avec la ville de Paris,

276-229 (fol. 269) ; — avec les commissaires extraordinaires, dont les officiers ne sont pas du corps de la Chambre, **277**-230 (fol. 498). — 539 feuillets.

1588 (XXIV). — Relations avec le chancelier, **281**-232 (fol. 1) ; — avec le garde des sceaux, **283**-233 (fol. 147) ; — avec le Conseil du Roi, **285**-234 (fol. 229). — 701 feuillets.

1589 (XXV). — Contrôleur général des finances, **290**-235 (fol. 1). — Intendants des finances, **295**-236 (fol. 158). — Secrétaires des finances, **296**-237 (fol. 225). — Secrétaires d'état, **297**-238 (fol. 317). — Intendants du commerce, **298**-239 (fol. 369). — Intendants des provinces ou commissaires y départis, **299**-240 (fol. 375). — 433 feuillets.

1590 (XXVI). — Gouverneurs de villes et de provinces, **300**-241 (fol. 1). — 321 feuillets.

1591 (XXVII). — DEUXIÈME PARTIE. JURISPRUDENCE DE LA CHAMBRE. Section I. *Autorité de la Chambre à l'égard des droits honorifiques dus au Roi* : Assemblées générales, **320**-244 (fol. 1). — Assemblées des semestres, **330**-245 (fol. 16). — Bureaux assemblés, **340**-246 (fol. 312). — Bureaux particuliers, **350**-247 (fol. 412). — 443 feuillets.

1592 (XXVIII). — Grand bureau et discipline des jugements qui s'y rendent, **351**-248 (fol. 1). — 688 feuillets.

1593 (XXIX). — Second bureau, **352**-249 (fol. 1). — Droit féodal sur les devoirs et droits, **370**-251 (fol. 212). — 480 feuillets.

1594 (XXX). — Forme des actes féodaux, poursuites des vassaux, mainlevées, etc., **380**-252 (fol. 1). — 556 feuillets.

1595 (XXXI). — Serments de fidélité des évêques, **410**-255 (fol. 1). Cf. **535**[2]. — Serments de foi et hommage reçus par le chancelier, **420**-256 (fol. 192). — Réceptions de foi et hommage, serment de fidélité, aveu et dénombrement, **430**-257 (fol. 270). — 695 feuillets.

1596 (XXXII). — Réceptions de foi et hommage, serment de fidélité, aveu et dénombrement (*suite*), **430**-257 (fol. 1). — Examen des actes féodaux envoyés par les trésoriers de France, **440**-258 (fol. 314). — Dépôt des actes féodaux, **450**-259 (fol. 496). — 654 feuillets.

1597 (XXXIII). — Section II. *Autorité de la Chambre à l'égard des enregistrements des volontés du Roi :* Droit public à l'égard des enregistrements, **470**-261 (fol. 1). — 777 feuillets.

1598 (XXXIV). — Droit public à l'égard des enregistrements (*suite*), **470**-261 (fol. 1). — A. Adresse des lettres, **470**[18] (fol. 412). — B. Forme ancienne des édits, **470**[229] (fol. 530). — C. Mandements pour l'exécution des volontés du Roi, **470**[232] (fol. 584). — 705 feuillets.

1599 (XXXV). — Droit particulier des enregistrements, **480**-262 (fol. 1). — Volontés du Roi à l'égard du domaine, **485**-263 (fol. 116). — Lettres sur provinces ou villes unies à la couronne ou conquises, **486**-265 (fol. 126). — Déclarations de guerre ou traités de paix, **487**-266 (fol. 182). — Dons par contrats de mariage de la famille royale et autres traités de famille, **488**-267 (fol. 252). — Lettres patentes sur les contrats d'échange, **490**-269 (fol. 284). — 600 feuillets.

1600 (XXXVI). — Lettres patentes sur les contrats d'échange (*suite*), **490**-269 (fol. 1). — Règlements sur les droits domaniaux, dire des inspecteurs généraux et des commissaires du domaine, **491**-275 (fol. 212). — Lettres d'union au domaine, **492**-270 (fol. 242). — Baux des domaines, **493**-271 (fol. 273). — Lettres d'apanages, dots et douaires des Reines, **495**-284 (fol. 286). — Lettres de ratification de contrats faits par les apanagistes, **496**-286 (fol. 508). — Lettres de révocation des dispositions de l'apanagiste, l'apanage étant fini, **497**-288 (fol. 579). — Lettres pour l'examen des opérations de l'apanagiste et compte de l'apanage fini, **498**-289 (fol. 581). — Lettres d'établissement de Chambres des comptes pour apanages et douaires, **499**-285 (fol. 592). — 619 feuillets.

1601 (XXXVII). — Lettres sur les engagements par ventes et révocations d'iceux, **500**-276 (fol. 1). — Lettres de don de droits d'usage, chauffage, gruerie, pêche, **501**-274 (fol. 460). — 579 feuillets.

1602 (XXXVIII). — Lettres de don d'usufruit, **502**-283 (fol. 1). — Lettres de cession de droits contentieux, **503**-280 (fol. 62). — Lettres

de remise de droits dus au domaine, **504**-277 (fol. 65). — Lettres d'amortissement, **505**-278 (fol. 77). — Lettres pour ventes particulières telles
que coupes de bois particulières, **506**-282 (fol. 103). — Lettres sur la
mouvance des vassaux de la couronne, **508**-273 (fol. 121). — Lettres
de baux à cens et à temps, **509**-272 (fol. 135). — Lettres de ratification
de vente d'une terre, mouvance et autres fonds, **510**-281 (fol. 146).
— Volontés des Rois d'accorder grâces honorifiques ou utiles, **512**-290
(fol. 182). — Lettres de noblesse, **515**-293 (fol. 183). — 596 feuillets.

1603 (XXXIX). — Lettres d'érection de terres en dignités, châtellenies,
etc., **520**-307 (fol. 1). — Lettres de don de justice et de nomination
aux offices, **521**-308 (fol. 700). — 702 feuillets.

1604 (XL). — Lettres de bourgeoisie, **522**-294 (fol. 1). — Lettres
d'affranchissement, **523**-295 (fol. 10). — Lettres de naturalité, **525**-303
(fol. 21). — Lettres de permission à étrangers de tenir bénéfice ou
d'acquérir des biens, **526**-304 (fol. 376). — Lettres de permission
à étrangers d'appréhender succession ou de la transmettre, et à per-
sonnes religieuses de disposer de leurs biens, **527**-310 (fol. 406). —
Lettres de confirmation d'institution d'héritiers, **528**-309 (fol. 417). —
Lettres de permission à Français d'accepter des dignités dans des
royaumes étrangers, **529**-300 (fol. 419). — Lettres de légitimation,
530-297 (fol. 429). — 552 feuillets.

1605 (XLI). — Lettres de commutation de nom, **532**-298 (fol. 1). —
Lettres de dons et de pensions, **535**[1]-315 (fol. 18). — 495 feuillets.

1606 (XLII). — Lettres de dons et de pensions (*suite*), **535**[1]-315 (fol. 1).
— 403 feuillets.

1607 (XLIII). — Lettres de mainlevée de fruits en régale, **535**[2]-317
(fol. 1) cf. **410**. — Lettres de dons et aumônes aux églises et communautés religieuses, **535**[3]-318 (fol. 62) ; — Lettres de gages intermé-
diaires, **535**[4]-319 (fol. 192). — 468 feuillets.

1608 (XLIV). — Lettres à femmes comptables sur les biens de leurs
maris, **535**[5]-321 (fol. 1). — Lettres de décharge d'amendes en faveur
de particuliers, **535**[7]-323 (fol. 99). — Lettres de dons pour acquits de
dettes, **535**[8]-322 (fol. 120). — Lettres de don de finances, **535**[9]-

320 (fol. 133). — Lettres d'abolition, **535**[10]-**325** (fol. 136). — Lettres d'état et surséance, **535**[11]-**324** (fol. 146). — Privilèges, gratifications, exemptions de droits pour commerce exclusif, **537**[1]-**312** (fol. 148). — Lettres d'exemption de charges publiques, **537**[2]-**296** (fol. 348). — Lettres pour être mis hors de garde, **540**-**311** (fol. 352). — Lettres sur le luxe, **543**-**313** (fol. 357). — 364 feuillets.

1609 (XLV). — Lettres sur la juridiction ecclésiastique, **547**-**327** (fol. 1). — Lettres d'établissement, confirmation, union, translation, suppression, etc., de communautés ecclésiastiques ou laïques, **550**-**329**-**331** (fol. 148). — 442 feuillets.

1610 (XLVI). — Lettres de concession, confirmation, continuation d'octrois, de pensions, de privilèges des villes et communautés d'habitants, **552**-**342** (fol. 1). — Lettres de privilèges ou d'exemption de droits en faveur de communautés ecclésiastiques ou laïques, **553**-**333** (fol. 204). — Lettres portant permission aux communautés d'acquérir et de recevoir ou ratification d'acquisition, échange, rachat de biens, etc., **554**-**337** (fol. 273). — Lettres d'amortissement pour biens ecclésiastiques, **555**-**338** (fol. 326). — 502 feuillets.

1611 (XLVII). — Lettres pour l'administration de biens de communautés et autres biens ecclésiastiques, **558**-**336** (fol. 1). — Lettres pour confection de bâtiments ou réparation de biens ecclésiastiques ou laïques, **560**-**339** (fol. 55). — Lettres pour acquittement de dettes de communautés laïques ou ecclésiastiques, ou impôts, dons gratuits, etc., **562**-**340** (fol. 103). — Lettres pour aliénation, échange ou rachat de biens ecclésiastiques ou de communautés laïques, **563**-**341** (fol. 166). — Lettres pour remboursement ou rachat de rentes dues aux ecclésiastiques ou gens de main morte, **564**-**343** (fol. 198). — Lettres d'établissement de foires, marchés, académies, maîtrises, péages, ponts, voitures, **565**-**334** (fol. 206). — Lettres sur les limites des provinces, **567**-**344** (fol. 528). — Lettres sur les dons gratuits du clergé, **575**-**354** (fol. 534). — 575 feuillets.

1612 (XLVIII). — Créations d'impôts, **580**-**349** (fol. 1). — Édits et déclarations sur la manière de percevoir les impôts, **581**-**350** (fol. 259). — Révocation d'impôts, **582**-**352** (fol. 304). — Lettres de validation, de levées d'impôts et autres recettes, **583**-**353** (fol. 350). — Lettres de commutation de droits, **584**-351 (fol. 362). — Lettres sur contrats avec les traitants, **585**-356 (fol. 369). — Lettres d'aliénation d'impôt, **587**-357 (fol. 552); — Lettres d'aliénation de rentes créées par édit, **587**[20] (fol. 582). — 583 feuillets.

1613 (XLIX). — Lettres de confirmation de baux, **590**-358 (fol. 1). — Lettres de rabais ou d'indemnité en faveur de fermiers ou entrepreneurs de charges de baux et adjudication, **591**-359 (fol. 184). — Lettres de régie, **593**-360 (fol. 336). — Lettres d'exemption ou de remise d'impositions, **595**-363 (fol. 380). — Lettres de confirmation d'affranchissement, **596**-364 (fol. 525). — 545 feuillets.

1614 (L). — Lettres d'abonnement sur impôts, **598**-362 (fol. 1). — Lettres d'exemption de droits moyennant finance, **599**-365 (fol. 106). — Lettres de payement des dettes des princes avant leur avènement à la couronne, **600**-373 (fol. 110). — Lettres de validation, **604** (fol. 118). — Lettres pour payement par assignations, **605**-368 (fol. 384). — Lettres de payement sans s'arrêter à des vices de formalités, **605**[20]-369 (fol. 506). — Lettres de supension de payement, **606**-370 (fol. 507). — 510 feuillets.

1615 (LI). — Lettres de constitution de rentes pour argent prêté, ou pour droits cédés, ou indemnités de terres réunies au domaine, **607**-367, 371 et 372 (fol. 1). — Lettres pour différents emplois dans les comptes, **608**-375 (fol. 224). — Volontés des Rois sur les offices comptables ou autres, **610**-377 (fol. 226). — Créations d'offices comptables, etc., **615**[1]-379 (fol. 232). — 542 feuillets.

1616 (LII). — Édits de confirmation d'offices, **615**[2]-380 (fol. 1). — Suppressions d'offices, **615**[3]-384 (fol. 27). — Édits de rétablissement d'offices, **615**[4]-385 (fol. 290). — Lettres d'union ou de désunion d'offices, **615**[5]-382 (fol. 372). — Édits d'adjudication et de revente d'offices, **615**[7]-383 (fol. 502). — 503 feuillets.

1617 (LIII). — Lettres d'attribution ou augmentation, réduction, suppression, remboursement de gages, menues nécessités, taxations, taxes sèches, droits de quittances, **616**-388 et 389 (fol. 1). — Lettres d'augmentation de finances, **618**-395 (fol. 436). — 452 feuillets.

1618 (LIV). — Lettres de provision d'offices et dispense d'enregistrement d'icelles, **620**-396 et 405 (fol. 1). — Lettres d'expectative de charge, **621**-400 (fol. 306). — Lettres de dispense d'âge, **622**-407 (fol. 307). — Lettres de comptabilité, **623**-411 (fol. 358). — Lettres de dispense de parenté ou alliance, **624**-408 (fol. 445). — Lettres de dispense de donner caution, **627**-409 (fol. 466). — Lettres de dispense d'avoir compté d'un office avant d'être reçu dans un autre office comptable, **628**-410 (fol. 470). — 488 feuillets.

1619 (LV). — Lettres de commission pour achever les exercices des comptables ou de commission extraordinaire, **630**-416 (fol. 1). — Lettres de rétablissement d'un officier comptable dans ses fonctions, **633**-417 (fol. 239). — Lettres de dispense de service, **635**-412 et 430 (fol. 240). — Lettres de provision ou de suppression d'offices de contrôleurs, **635**[20]-419 (fol. 253). — Lettres de dispense aux contrôleurs de tenir offices et être au service d'un prince, **636**-420 (fol. 257). — Lettres portant permission à un contrôleur de commettre en sa place, **637**-421 (fol. 258). — Lettres de retenue de service nonobstant la résignation, **638**-413 (fol. 265). — Lettres de brevets de retenue sur les offices, **639**-320 (fol. 312). — Lettres de permission de disposer de la charge d'un officier qui décéderait dans les quarante jours, **640**-397 (fol. 316). — Lettres de permission de résigner, **642**-398 (fol. 329). — Lettres de survivance, **645**-400 (fol. 350). — Lettres d'exercice concurrent avec le précédent titulaire, **646**-414 (fol. 418). — Lettres pour un père à l'effet de rentrer dans l'exercice de l'office qu'il avait résigné à son fils qui était mort dans l'exercice dudit office, **646**[20]-415 (fol. 431). — Lettres pour rendre offices héréditaires, **647**-401 (fol. 432). — Lettres de ratification de vente d'offices, **650**-399 (fol. 471). — Lettres d'honoraires et de vétérance, **655**-422 (fol. 482). — Lettres de conservation de privilèges, **656**-423 (fol. 511). — Lettres pour remboursement d'offices ou de profits d'iceux, **660**-402 (fol. 514). — 696 feuillets.

1620 (LVI). — Lettres sur la forme de compter, **663**-425 (fol. 1). — Lettres de décharge de compter ou de corriger, **665**-429 (fol. 5). — Lettres de délais de compter, **670**-427 (fol. 121). — Lettres de décharge, modération, remise d'amende ou d'intérêt, compensation, dispense de formalités ou de cautions, rétablissement de parties et décharge d'hypothèques, **675**-428 (fol. 235). — 607 feuillets.

1621 (LVII). — Volontés sur les actes publics en langue française, contrôle, timbre, **690**-431-434 (fol. 1). — Dépôt du greffe, **700**-435 (fol. 24). — 431 feuillets.

1622 (LVIII). — Greffe (*suite*), **700**-435 (fol. 1). — 507 feuillets.

1623 (LIX). — Section III. — *Autorité de la Chambre à l'égard des finances* : Sur les finances en général, **701**-437 (fol. 1). — Autorité de la Chambre en général à l'égard des finances, **710**-436 (fol. 97). — Règlements généraux sur la comptabilité, **720**-438 (fol. 249). — Règlements généraux pour les comptables, **730**-439 (fol. 254). — Deniers qu'ils reçoivent ou qu'ils payent, **730**^{10}-453 (fol. 282). — Les comptables ne doivent pas donner de contre-lettres, **730**^{13}-458 (fol. 301). — Ils doivent tenir des registres de recettes et dépenses, **730**^{15}-461 (fol. 310). — Quittances comptables, **730**^{16}-463 (fol. 329). — Les comptables ne prendront gages d'aucuns seigneurs, **730**^{17}-464 (fol. 341). — Comptables tenus de compter, **730**^{21} (fol. 346). — Comptables sont responsables des fautes de leurs commis, **730**^{27}-483 (fol. 347). — Contrôles, **730**^{28}-484 (fol. 350). — Veuves, enfants ou autres héritiers, curateurs de la succession vacante sont tenus de compter, **730**^{31}-476 (fol. 494). — 626 feuillets.

1624 (LX). — Réceptions des comptables, **735**^{1}-487 (fol. 1). — Commissions au maniement données par la Chambre, en l'absence des comptables, **735**^{2}-488 (fol. 312). — Serments des comptables, **735**^{3}-489 (fol. 374). — Leur élection de domicile, **735**^{4}-491 (fol. 414). — La Chambre veille à la résidence des comptables, **735**^{5}-492 (fol. 451). — 463 feuillets.

1625 (LXI). — Cautions des comptables, **735**^{6}-490 (fol. 1). — La Chambre informe et agit contre ceux qui reçoivent sans provisions registrées, **735**^{7}-493 (fol. 302). — Elle fait compter ceux qui précédemment ont fait des recettes sans provisions registrées, **735**^{8}-494 (fol. 320). — Elle fait quelquefois défense de payer les parties prenantes, **735**^{9}-498 (fol. 324). — Elle arrête la perception des impôts, quand les fonds perçus sont suffisants pour leurs destinations, **735**^{10}-500 (fol. 327). — Elle suspend les poursuites des comptables, **735**^{11}-501 (fol. 333). — Elle fait payer les parties prenantes, **735**^{12}-502 (fol. 408). — 616 feuillets.

1626 (LXII). — La Chambre empêche de porter au trésor les fonds des parties prenantes, sans ordres, **735**$^{13, 1.}$-503 (fol. 1). — Elle rend justice aux parties contre les malversations des comptables, **735**[13. 2.]-504 (fol. 40). — Officiers mandés par elle, **735**[14]-506 (fol. 42). — Interrogatoires des comptables sur les recettes et dépenses faites par eux, etc., **735**[15]-507 et 523 (fol. 86). — États sommaires demandés aux comptables suspectés ou pour motifs particuliers, **735**[16]-508 (fol. 133).—La Chambre visite les caisses des officiers suspectés, **735**[17]-509 (fol. 167). — Simples commis tenus de compter par états de recettes et dépenses, **735**[18]-510 (fol. 181). — Elle informe contre les malversations et abus commis par les comptables, **735**[19]-511 (fol. 188). — Elle enjoint aux comptables l'observation des ordonnances, **735**[20]-512 (fol. 194). — Elle ne souffre quittances obtenues sur simple promesse de payer, **735**[21]-497 et 459 (fol. 201). — Elle réprouve les récépissés, les fait convertir en quittances bien et dûment expédiées, etc., **735**[22]-452 (fol. 212). — Fait payer les comptables par ceux qui doivent des deniers royaux, **735**[23]-514 (fol. 244). — Défenses accordées aux comptables et mainlevées de poursuites faites contre eux, **735**[25]-516 (fol. 290). — La Chambre vient quelquefois au secours des comptables, dans le cas de pièces de formalités adirées, **735**[25. 20.]-517 (fol. 300). — Remboursements aux comptables qui ont été contraints de payer indûment, **735**[26]-518 (fol. 301). — Attribution par le Roi à la Chambre d'affaires entre comptables, **735**[27]-519 (fol. 313). — La Chambre règle, même sans attribution, les intérêts des comptables entre eux, leurs résignants, etc., **735**[28]-520 (fol. 317). — 466 feuillets.

1627 (LXIII). — Procédures civiles contre les comptables, **735**[29]-522 (fol. 1). — La Chambre ordonne contre eux des contraintes par corps, saisies de meubles, d'immeubles, de papiers, etc., **735**[30]-524 (fol. 46). — Elle ne met le comptable en état de continuer sa gestion qu'après la clôture du compte précédent, **735**[31]-525[10] (fol. 343). — Elle ouvre ou ferme la main des comptables négligents et commet en leur place, **735**[32]-525[20] (fol. 351). — Elle prononce des amendes contre eux, faute de compter, etc., **735**[33]-526 et 534 (fol. 366). — 517 feuillets.

1628 (LXIV). — Emplois de parties en recettes et dépenses, **740**[1]-530 (fol. 1). — États du Roi, **740**[2]-528 (fol. 124). — Pièces et acquits, **740**[3]-531 (fol. 199). — Bordereaux des comptes, **740**[4]-532 (fol. 297). — Forme des comptes, **740**[5]-470 et 533 (fol. 349). — 472 feuillets.

1629 (LXV). — Présentation des comptes, **740**[6]-471 et 534 (fol. 1). — Leur distribution, **740**[7]-535 (fol. 413). — Leur remise au rapporteur, **740**[8]-536 (fol. 491). — 638 feuillets.

1630 (LXVI). — Redistribution des comptes, **740**^{9}-537 (fol. 1). — États au vrai arrêtés tant au Conseil que devant les trésoriers de France, **760**-539 (fol. 25). — États au vrai arrêtés par le Roi, **765**-540 (fol. 35). — États au vrai arrêtés au Conseil du Roi, **770**-541 (fol. 40). — États au vrai arrêtés par les trésoriers de France, **780**-542 (fol. 127). — États arrêtés par les surintendants des grandes comptabilités, **781**-543 (fol. 223). — Fonctions des présidents, **800**-545 (fol. 224); — des conseillers maîtres, **810**-546 (fol. 226); — des conseillers correcteurs, **820**-547 (fol. 231); — des conseillers auditeurs, **830**-548 (fol. 233); — des gens du Roi, **840**-549 (fol. 276); — des greffiers, **850**-550 (fol. 280); — des huissiers, **860**-551 (fol. 285); — des procureurs, **870**-552 (fol. 422). — De la reddition des comptes en la Chambre, **880**-553 (fol. 559). — Comptes des droits attachés à la souveraineté, **900**-555 (fol. 560). — 562 feuillets.

1631 (LXVII). — Comptes du profit des bénéfices vacants, dits comptes de régale, **910**-565 (fol. 1). — Comptes des droits de confirmation, à l'occasion du joyeux avènement à la couronne, **920**-566 (fol. 109). — Comptes des deniers provenant de création d'offices ou d'augmentation d'iceux, **930** (fol. 143). — Comptes du marc d'or, **940**-556 (fol. 145). — Comptes du prêt et annuel, **950**-559 (fol. 234). — Comptes du centième denier, **953**-559 (fol. 367). — Comptes des parties casuelles, **960**-558 (fol. 372). — 651 feuillets.

1632 (LXVIII). — Comptes des monnaies, **970**-560 (fol. 1). — Comptes des postes, **980**-561 (fol. 272). — Comptes de la petite poste de Paris, **983**-563 (fol. 350). — Comptes des amendes prononcées dans les cours de justice, **990**-567 (fol. 353). — Comptes des taxes des chambres de justice, **991**-568 (fol. 451). — 469 feuillets.

1633 (LXIX). — Comptes des domaines et bois, **1001**-570 (fol. 1). — 518 feuillets.

1634 (LXX). — Comptes des domaines et bois (*suite*), **1001**-570 (fol. 1). — Comptes des domaines et bois : Alençon et Perche, **1001**^{20}-571 et 579 (fol. 214); — Amiens, **1002**-578 (fol. 216); — Auch, **1003**-578 (fol. 231); — Bourges, **1004**-578 (fol. 245); — Bordeaux, **1005**-578 (fol. 262); — Chalons, **1006**-578 (fol. 273); — Flandres, **1007**-578 (fol. 289); — Hainault, **1008**-578 (fol. 307); — La Rochelle, **1009**-578 (fol. 322); — Limoges, **1010**-578 (fol. 336); — Lyon, **1011**-578 (fol. 350);

— Meudon, **1012**-578 (fol. 368) ; — Montauban, **1013**-578 fol. 380) ; — Moulins, **1014**-578 (fol. 386) ; — Orléans, **1015**-578 (fol. 398) ; — Paris, **1016**-578 (fol. 429) ; — Poitiers, **1017**-578 (fol. 526) ; — Riom, **1018**-578 (fol. 533) ; — Comté de Senonches et province de Thimerais, **1018** 20-578 (fol. 542) ; — Soissons, **1019**-578 (fol. 543) ; — Tours, **1020**-578 (fol. 554) : — Valois, **1021**-576 (fol. 575) ; — Vendôme, **1022**-577 (fol. 586) ; — Versailles et Marly, **1023**-578 (fol. 592). — Régie des domaines, **1023** 20 (fol. 635). — Comptes des domaines réunis, **1024**-579 (fol. 638). — Comptes des deniers des ventes des domaines, **1025**-580 (fol. 643). — 647 feuillets.

1635 (LXXI). — Comptes des tailles, **1040**-609 (fol. 1). — Comptes de l'imposition Boulonnaise, **1045**-585 et 591 (fol. 442). — Comptes des recettes générales des finances, **1050**-584 (fol. 449). — 657 feuillets.

1636 (LXXII). — Comptes des capitations des généralités ou recettes générales des finances, **1060**-583 et 603 (fol. 1). — Comptes de la capitation de la table de marbre et objets la·concernant, **1065**-611 (fol. 70). — Comptes de la capitation de l'élection de Paris, **1066**-610 (fol. 87). — Comptes de la capitation du grenier à sel de Paris, **1067**-612 (fol. 88). — Comptes de la capitation de la ville de Paris, **1068**-606 (fol. 90). — Comptes de la capitation de la cour, **1069**-613 (fol. 102). — Comptes des dixièmes et vingtièmes de retenue, etc., **1070**-614 (fol. 110). — Comptes des dixièmes et vingtièmes des biens fonds, **1090**-583 et 604 (fol. 120). — Comptes des vingtièmes des biens fonds, **1100** (fol. 162). — Comptes du cinquantième des biens fonds, **1110** (fol. 188). — Comptes des deux sous pour livre des biens fonds, **1120** (fol. 192). — Comptes des dixièmes et vingtièmes de la ville de Paris, **1121**-607 (fol. 201). — Comptes des dixièmes, vingtièmes et sols pour livre du dixième des offices et droits de la ville de Paris, **1121** 20-607 (fol. 220). — Comptes des traitants, **1125**-615 (fol. 224). — Comptes des fermes générales, **1130**-645 (fol. 251). — Comptes des fermes particulières, des marchés de Sceaux et de Poissy, **1141**-620 (fol. 468). — Comptes des droits sur la bière, **1142**-628 (fol. 490). — Comptes des droits sur les cuirs, **1143**-642 (fol. 501). — Comptes des droits sur les cartes et cuivres, **1144**-634 (fol. 534). — Comptes des fermes particulières des droits rétablis, **1145**-618 (fol. 555). — Comptes des fermes particulières des droits réservés, **1146**-617 (fol. 584). — Comptes des fermes particulières des droits réunis, **1146** 30-619 (fol. 595). — Comptes des fermes particulières des droits casuels, **1147**-635 (fol. 596). — Comptes des droits sur le bois, **1148**-633 (fol. 598). — Comptes de la régie des 4 s. pour livre, en 1747, **1160**-660 (fol. 606). — Comptes des droits d'hypothèque, **1166**-622 (fol. 607). — Comptes des 4 d. pour livre des ventes de bois tant du Roi que des communautés ecclésiastiques, **1190**[1]-630 (fol. 610). — 620 feuillets.

1637 (LXXIII). — Ferme des gabelles, **1190**[2]-648 (fol. 1). — Recette du ban et arrière-ban, **1190**[3]-627 (fol. 352). — Ferme des deniers de l'exemption des francs taupins, **1190**[4]-646 (fol. 378). — Ferme du tabac, **1190**[5]-662 (fol. 381). — Comptes des mortes payes de Normandie, Guyenne, Champagne, etc., **1190**[6]-653 (fol. 410). — Ferme des aides, **1190**[7]-624 (fol. 434). — Comptes des maîtrises des arts et métiers, **1190**[8]-621 et 650 (fol. 565). — 590 feuillets.

1638 (LXXIV). — Ferme des droits sur le plâtre, **1190**[9]-658 (fol. 1). — Ferme des droits sur les suifs, **1190**[10]-661 (fol. 8). — Ferme du duché de Savoie, **1190**[11]-659 (fol. 17). — Petites fermes particulières, **1190**[12]-656 (fol. 20). — Comptablie de Bordeaux, **1190**[13]-633 (fol. 86). — Recette des domaines et traites foraines, **1190**[14]-664 (fol. 108). — Ferme des tailles d'une province, **1190**[15]-663 (fol. 198). — Comptes de la recette du commerce à Paris, **1190**[16]-636 (fol. 199). — Ferme de la marque des fers, aciers et étains, **1190**[17]-652 (fol. 201). — Ferme de la marque d'or et d'argent, **1190**[18]-651 (fol. 243). — Recettes des fouages, **1190**[19]-647 (fol. 260). — Greffe des insinuations, **1190**[20]-649 (fol. 263). — Comptes des confiscations, **1190**[21]-638 (fol. 271). — Comptes d'amortissement de biens ecclésiastiques, **1190**[22]-625 (fol. 275). — Comptes des consignations, **1190**[23]-639 (fol. 285). — Comptes des trésoriers des deniers extraordinaires, **1190**[24]-644 (fol. 349). — Ferme des droits sur le papier et le parchemin, **1190**[25]-655 (fol. 353). — Ferme des droits sur les bois à brûler, **1190**[26]-631 (fol. 368). — Ferme des droits de péage, **1190**[27]-657 (fol. 380). — Compte de l'achat des blés pour la subsistance de la ville de Paris, **1190**[28]-629 (fol. 382). — Ferme des droits des armoiries, **1190**[29]-626 (fol. 383). — Compte de la ferme des contrôles des bans de mariages, **1190**[30]-640 (fol. 390). — Comptes des haras, **1190**[31]-754[20] (fol. 391). — Comptes du contrôle des actes et exploits, **1190**[32]-641 (fol. 399). — Comptes des dixièmes des offices et droits, **1190**[33]-654 (fol. 404). — Comptes des dixièmes, vingtièmes sur les privilégiés marchands de vin, **1190**[34]-665 (fol. 436). — Comptes des appointements de tous les commis du royaume, **1190**[35]-637 (fol. 454). — Comptes des prêts faits par le Roi sur les biens fonds, **1195**

(fol. 458). — Comptes des dépenses faites pour le Roi, **1200**-666 (fol. 459). — Comptes pour la personne du Roi et la famille royale, **1210**-667 (fol. 462). — Comptes de la maison du Roi, **1220**-668 (fol. 466). — 594 feuillets.

1639 (LXXV). — Comptes d'anciennes comptabilités éteintes dans la maison du Roi, **1225**-676 (fol. 1). — Comptes des offrandes et aumônes, **1230**-669 (fol. 3). — Comptes de la Chambre aux deniers, **1240**-677 (fol. 59). — Comptes de l'argenterie et menus plaisirs, **1250**-678 (fol. 99). — Comptes des écuries, **1260**-679 (fol. 240). — Comptes de la vénerie et fauconnerie, **1270**-680 (fol. 297). — Comptes de la maison de la Reine, **1280**-670 (fol. 371). — Comptes du traitement des officiers de la feue Reine, **1280**20-681 (fol. 419). — Comptes des dépenses de la maison du Roi et de la Reine, **1280**30-668 et 670 (fol. 420). — Comptes de la maison de madame la Dauphine, **1290**-682 et 683 (fol. 423). — Comptes des maisons des autres enfants et autres princes, **1295**-684 (fol. 436). — Comptes de la maison de Monsieur et de la maison de Madame, **1295**10-671 et 672 (fol. 472). — Comptes de la maison de M. et Mme d'Artois, **1295** 20-673 et 674 (fol. 478). — Comptes de la maison du duc d'Orléans, **1300**-675 (fol. 483). — Comptes de la maison des princes légitimés, **1307**-685 (fol. 574). — 575 feuillets.

1640 (LXXVI). — Comptes de l'ordinaire des guerres ou des troupes de la maison du Roi, **1320**-688 (fol. 1). — Comptes de l'extraordinaire des guerres de deçà, **1330**-699 (fol. 180). — Comptes des fortifications de France, **1341**-698¹ (fol. 412). — Comptes des fortifications de Paris, **1342**-698¹ (fol. 529). — Comptes des fortifications de Lyon, **1343** (fol. 532). — Comptes de l'artillerie, **1350**-695 (fol. 537). — 675 feuillets.

1641 (LXXVII).— Comptes des vivres des armées, munitions, ravitaillements, etc., **1360**-707 (fol. 1). — Comptes du trésorier payeur général des dépenses du département de la guerre, **1365**10-689 (fol. 89). — Comptes de la marine, **1370**-700 et 701 (fol. 94). — Comptes des colonies françaises de l'Amérique, **1380**-697 (fol. 300). — Comptes des galères, **1390**-698² (fol. 345). — Comptes du trésorier général des dépenses du département de la marine, **1395**-691 (fol. 386). — Comptes des pensions et gratifications des troupes sur le 4ᵉ denier, **1400**-703 (fol. 392). — Comptes des Ligues Suisses, **1410**-706 (fol. 409). — Comptes des étapes, **1420**-692 (fol. 459). — Comptes des étapes géné-

rales de Lyon, **1421**-693 (fol. 484). — Trésoriers de l'ordre du Saint-Esprit, **1431**-709 (fol. 490). — Ordre de Saint-Louis, **1432**-710 (fol. 523). — Ordre de Saint-Michel, **1433**-712 (fol. 531). — Ordre de Saint-Lazare, **1434**-713 (fol. 537). — Ordre de Malte, **1435**-714 (fol. 539). — École royale militaire de Saint-Cyr, **1436**-715 (fol. 549). — Hôtel royal des Invalides, **1437**-716 (fol. 566). — Invalides de la marine, **1438**-717 (fol. 580). — 589 feuillets.

1642 (LXXVIII). — Comptes des bâtiments du Roi, **1450**-719 (fol. 1). — Comptes des ponts et chaussées, **1460**-720 (fol. 203). — Comptes des turcies et levées, **1470**-723 (fol. 376). — Comptes du barrage et pavé de Paris, **1480**-724 et 720 (fol. 439). — Comptes des bâtiments de Sainte-Croix d'Orléans, **1490**-721 (fol. 493). — Comptes des maréchaussées de France, **1510**-726 (fol. 529). — 672 feuillets.

1643 (LXXIX). — Comptes des deniers de police, **1520**-727 (fol. 1). — Comptes du guet de Paris, **1530**-729 (fol. 78). — Comptes du guet de Lyon, **1540**-730 (fol. 97). — Comptes des dépenses diverses : police, gages des maîtres des postes, dépenses des haras, guet de Paris, maréchaussée de l'Ile-de-France, mines et carrières, encouragements au commerce, etc., **1545**-731 (fol. 102). — Comptes des gages des officiers payés par des trésoriers particuliers, **1550**-732 (fol. 103). — Comptes des gages du Parlement de Paris, **1561**-733 (fol. 148). — Comptes des gages de la Chambre, **1570**-734 (fol. 231). — Comptes des menues nécessités, **1580**-735 (fol. 324). — Comptes des gages de la Cour des aides de Paris, **1591**[1]-736 (fol. 418). — Comptes des petits gages de la Cour des aides de Paris, **1591**[2]-736 (fol. 465). — Comptes des gages de la Cour des monnaies de Paris, **1611**-737 (fol. 468). — 502 feuillets.

1644 (LXXX). — Comptes des gages des secrétaires du Roi, du grand sceau et capitation, **1621**-738 (fol. 1). — Comptes des gages des maîtres de postes, **1630**-754[20] (fol. 119) — Comptes des gages des officiers des monnaies, **1655**-739 (fol. 135. — Comptes des gages d'aucuns officiers, dits charge-gabelles, **1660**-741 (fol. 199). — Comptes des gages d'aucuns officiers, dits charges sur les fermes, **1660**[5]-742 (fol. 206). — Comptes des gages des bureaux des finances, **1680**[1]-746 (fol. 226). — Comptes des gages des présidiaux, **1680**[2]-761 (fol. 241). — Comptes des gages des corps et communautés de ville, **1680**[3]-751 (fol. 327). — Comptes des gages des ambassadeurs, **1680**[4]-745 (fol. 332).

— Comptes des gages des maîtres des requêtes, **1680** [5]-754 [10] (fol. 337).
— Comptes des gages des officiers des élections, **1680** [6]-753 (fol. 338).
— Comptes des gages des régiments et garnisons, **1680** [7]-704 (fol. 339).
— Comptes des gages des camps et armées, **1680**-696 (fol. 349). —
Comptes des gages des parlements de province, **1680** [10]-758 (fol. 350).
— Comptes des gages des mousquetaires, **1680** [11]-702 (fol. 352). —
Comptes des gages des Cent-Suisses, **1680** [13]-705 (fol. 354). — Comptes
de l'audiencier en la chancellerie de Paris, **1680** [14]-748 (fol. 355). —
Comptes des gages du Parlement de Bordeaux, **1680** [15]-759 (fol. 357).
— Comptes des gages du Parlement de Flandres, **1680** [16]-760 (fol. 381).
— Comptes des gages de la Cour des aides de Guyenne, **1680** [17]-744
(fol. 390). — Comptes des gages de la Cour des aides de Clermont-
Ferrand, **1680** [18]-744 (fol. 401) ; — Comptes des gages de la Cour des
aides de Montauban, **1680** [19]-744 (fol. 406). — Comptes des gages du
Grand Conseil, **1680** [20]-752 (fol. 422). — Comptes des gages de la
prévôté de l'hôtel, **1680** [21]-740 (fol. 472). — Comptes des gages de la
Cour des monnaies de Lyon, **1680** [22]-756 (fol. 504). — Comptes des
gages du bureau des finances de Lille, **1680** [23]-747 (fol. 523). — Comptes
des gages des chancelleries, **1680** [25] (fol. 524). — Comptes de la chancellerie près le Parlement de Bordeaux, **1680** [26]-749 (fol. 582) ; —
Comptes de la chancellerie près le Parlement de Flandres, **1680** [27]-749.
(fol. 595). — Comptes de la chancellerie près le Conseil provincial
d'Artois, **1680** [28]-749 (fol. 603). — Comptes de la chancellerie près la
Cour des aides de Guyenne, **1680** [29]-749 (fol. 609). — Comptes de la
chancellerie près la Cour des aides de Clermont-Ferrand, **1680** [30]-749
(fol. 613). — Comptes de la chancellerie près la Cour des aides de Montauban, **1680** [31]-749 (fol. 620). — Comptes de la chancellerie près la
Cour des monnaies de Lyon, **1680** [32]-749 (fol. 626). — 632 feuillets.

1645 (LXXXI). — Comptes des gages du Châtelet de Paris, **1680** [33]-
750 (fol. 1). — Comptes des gages du présidial de Crépy, **1680** [34]-762
(fol. 60). — Comptes des rentes dues par le Roi, **1700**-763 (fol. 62). —
Comptes des rentes perpétuelles sur la ville, **1710**-764 et 781 (fol. 86)
— Comptes des rentes perpétuelles sur les cinq grosses fermes, **1712**-
777 (fol. 552). — Comptes des rentes perpétuelles sur les droits de
bans de mariage, **1715**-778 (fol. 560). — 565 feuillets.

1646 (LXXXII). — Comptes des rentes sur les tailles et recettes générales, **1720**-780 (fol. 1). — Comptes des rentes perpétuelles sur les
domaines et bois, **1723**-775 (fol. 67). — Comptes des rentes perpé-

tuelles sur l'ordre du Saint-Esprit, **1724**-766 (fol. 68). — Comptes des rentes perpétuelles sur les postes, **1725**-767 (fol. 80). — Comptes des rentes perpétuelles sur la ferme du tabac, **1726**-779 (fol. 110). — Comptes des rentes perpétuelles sur la ferme du contrôle des actes, **1727**-770 (fol. 112). — Comptes des rentes perpétuelles sur les 2 s. pour livre du dixième, **1728**-774 (fol. 124). — Comptes des rentes perpétuelles sur les cuirs, **1729**-771 (fol. 134). — Comptes des rentes viagères autres que tontines, **1730**-765 (fol. 143). — Comptes des rentes viagères dites tontines, **1740**-781 (fol. 222). — Comptes des rentes pour emprunts faits sous le nom des états et communautés ecclésiastiques ou laïques, **1741**-776 (fol. 253). — Comptes des rentes sur la caisse des amortissements, **1745**-769 (fol. 254). — Comptes des payements faits par le trésorier de la caisse des amortissements, **1750**-782 (fol. 261). — Comptes des loteries royales, **1750** [6]-797 (fol. 270). — Comptes des billets à époque, des billets de change et au porteur, **1750** [7]-791 (fol. 302). — Comptes des billets de banque, **1750** [8]-789 (fol. 305). — Comptes de la caisse des emprunts, **1750** [9]-785 (fol. 315). — Comptes des billets ou rescriptions des receveurs généraux, **1750** [10]-799 (fol. 332). — Comptes des billets des fermes, **1750** [11]-794 (fol. 349). — Comptes des annuités, **1750** [12]-787 (fol. 354). — Comptes des actions des fermes, **1750** [13]-795 (fol. 357). — Comptes des actions sur la caisse d'escompte, **1750** [14]-792 (fol. 363). — Comptes des billets de l'État et de monnaies, **1750** [15]-793 (fol. 384). — Comptes des payements faits par commutation d'effets royaux substitués les uns aux autres, **1750** [16] (fol. 425). — Comptes des payements d'arrérages, **1750** [17]-788 (fol. 466). — Remboursements de capitaux, **1750** [18]-800 (fol. 482). — 621 feuillets.

1647 (LXXXIII). — Compagnie des Indes, **1820**-801 (fol. 1). — Compagnie du commerce de Lorraine, .**1821**-802 (fol. 98). — Compagnie des assurances, **1823**-803 (fol. 99). — Compagnie du commerce du Nord, **1824** (fol. 100). — Compagnie des Indes, **1825** [1]-804 (fol. 107). — Banque du sieur Law devenue depuis banque royale de commerce, **1825** [2]-805 (fol. 110). — Manufactures, **1826**-807 (fol. 130). — Comptes du trésor royal, **1850**-809 (fol. 131). — Comptes des remboursements extraordinaires, **1851**-811 (fol. 336). — Comptes des droits de contrôle des quittances de finances du trésor royal, **1852**-813 (fol. 369). — Comptes des octrois accordés aux hôpitaux, **1870**-820 (fol. 370). — Comptes des secours accordés aux communautés, **1871**-819 (fol. 491). — 508 feuillets.

1648 (LXXXIV). — Comptes des octrois et deniers communs des villes, **1880**-815 (fol. 1).— Notices sur les deniers patrimoniaux, **1881**-817 (fol. 573). — Dons gratuits des villes, **1882**-818 (fol. 575). — Comptes du clergé, **1890**-822 (fol. 576). — 578 feuillets.

1649 (LXXXV). — Comptes des rentes sur le clergé, **1910**-823 (fol. 1). — Comptes des économats, **1920**-825 (fol. 55). — Comptes des décimes sur le clergé, **1930**-826 (fol. 85). — Comptes de la chefcerie de la Sainte-Chapelle, **1936**-828 (fol. 121). — 497 feuillets.

1650 (LXXXVI). — Comptes de la chefcerie de la Sainte-Chapelle (*suite*), **1936**-828 (fol. 1). — Comptes du collège de Navarre, **1937**-829 (fol. 317). — Anciennes comptabilités de dépenses éteintes, deniers destinés au commerce de la ville de Dunkerque, **1940**-806 (fol. 353). — Comptes des profits et dépenses de la Chambre autres que les gages, etc., **1941**-830 (fol. 357) — Comptes des épices, **1942**-832 (fol. 358). — 535 feuillets.

1651 (LXXXVII). — Comptes des épices (*suite*), **1942**-832 à 834 (fol. 1). — Comptes des revenus de la Chambre, **1943**-831 (fol. 378). — Comptes des récompenses, **1944**-832 à 834 (fol. 398). — Comptes des mortes payes, **1945**-832 à 834 (fol. 405). — Comptes du tiers des amendes, **1946**-835 (fol. 411). — Comptes des bourses communes, **1947**-836 (fol. 418). — Comptes des frais de bureau pour le rétablissement des titres, **1948**-837 (fol. 437). — 458 feuillets.

1652 (LXXXVIII). — Discipline à l'égard des jugements des comptes, **1970**-840 (fol. 1). — Examen des comptes, **1970**[1]-841 (fol. 191). — Rapport des comptes, **1970**[2]-842 (fol. 211). — Jugement des comptes, **1970**[3]-843 (fol. 220). — Règlements sur les vices des comptes, **2000**-844 (fol. 235). — Vices dans la présentation et la remise des comptes, etc., **2010**-845 (fol. 237). — Omission de recette, **2020**[1]-847 (fol. 253). — Recette non autorisée, **2020**[2]-848 (fol. 291). — Double recette, **2020**[3]-849 (fol. 305). — Recettes étrangères à la comptabilité dans laquelle elles sont introduites, **2020**[4]-850 (fol. 306). — Recettes non justifiées, **2020**[5]-851 (fol. 309). — Vices de dépenses, doubles emplois, **2030**[1]-852 et 853 (fol. 310). — Parties non payées, **2030**[2]-854 (fol. 320). — Parties mal payées, **2030**[3]-855 (fol. 328). — Quittances non revêtues de formalités, **2030**[4]-856 (fol. 354). — Trop dépensé, **2030**[5]-857 (fol. 359). — Rétentions, **2030**[6]-858 (fol. 390). — Reprises mal faites,

2030[7]-859 (fol. 409). — Jugements contre les vices des comptes : Injonctions, **2040**[1]-861 (fol. 418). — Indécisions, **2040**[2]-862 (fol.430). — Recettes forcées, **2040**[3]-863 (fol. 445). — Souffrances, **2040**[4]-864 (fol. 450). — Supercessions, **2040**[5]-864 (fol. 468). — Radiations, **2040**[6]-865 (fol. 478). — Amendes, **2040**[7]-866 (fol. 514). — Intérêts, **2040**[8]-867 (fol. 536). — Peines du quadruple, double ou simple, **2040**[9]-868 (fol. 571). — Renvoi à la correction, **2040**[10]-869 (fol. 583). — 587 feuillets.

1653 (LXXXIX). — Gages et taxations des comptables, **2050**-870 (fol. 1). — Façons et vacations des procureurs, **2060**-871 (fol. 188). — Épices des comptes et bourses de jetons, **2070**-872 (fol. 293). — Exécutions des arrêts sur les comptes, assiettes des états finaux et remises au parquet, **2080**-873 (fol. 382). — 542 feuillets.

1654 (XC.) — Double des comptes et comptes adirés, **2085**-874 (fol. 1). — Dépôts des comptes et acquits, **2090**-876 (fol. 164). — Transports et remises des comptes, **2100**-877 (fol. 439). — 533 feuillets.

1655 (XCI). — Debets des restes des comptables après la clôture et fonctions du contrôleur général des restes à l'égard desd. debets, **2120**-879 et 880 (fol. 1). — 287 feuillets.

1656 (XCII). — Debets des restes des comptables après la clôture et fonctions du contrôleur général des restes à l'égard desd. debets (*suite*), **2120**-879 et 880 (fol. 1). — Notices sur les fonctions du solliciteur général des restes, **2121**-882 (fol. 524). — 538 feuillets.

1657 (XCIII). — Requêtes d'apurement, **2130**-883 (fol. 1). — Hypothèques du Roi sur les biens des comptables, **2140**-884 (fol. 328). — 474 feuillets.

1658 (XCIV). — Scellés sur les effets des comptables, **2150**-885 (fol. 1). — 553 feuillets.

1659 (XCV). — Scellés sur les effets des comptables (*suite*), **2150**-885 (fol. 1). — De la correction des comptes, **2160**-886 (fol. 413). — 559 feuillets.

1660 (XCVI). — Juridiction et jurisprudence de la Chambre des comptes ou collection des ordonnances, édits, déclarations, lettres-patentes, arrêts et règlements, tant sur sa juridiction que sur chacune des matières de sa compétence concernant : 1° les droits honorifiques dus au Roi; 2° les enregistrements de ses volontés ; 3° la manutention des finances dudit seigneur Roi. Paris, L. Cellot, 1787, in-8°. — Imprimé de 51 et 30 pages. — A la suite (page 31), est une double concordance manuscrite des numéros donnés, dans la collection, aux divers paragraphes et des numéros que ces mêmes paragraphes ont reçus dans la table imprimée. Les anciens numéros ont été, en outre, ajoutés à l'encre en marge de ladite table. — 51 et 53 pages. 250 sur 185 millimètres.

xviiie siècle. Papier. 96 volumes, 210 sur 175 millim. : les fiches avec lesquelles sont formés ces volumes ont respectivement 160 sur 100 millim. Demi-rel. parchemin blanc[1].

---

1. A cette collection il convient d'ajouter le manuscrit suivant dont il a été question dans notre notice : Nouv. acq. fr. 5686. « Juridiction et jurisprudence de la Chambre des comptes. Plan de l'ouvrage. » xviiie siècle. Papier. 73 feuillets. 195 sur 145 millim. Rel. basane. (Anc. Catalogue 173 et 177.)

TABLE ALPHABÉTIQUE DES MATIÈRES[1]

---

1. Cette table ne se rapporte qu'à la seconde série de la Collection, c'est-à-dire à la série des Bulletins. Un double renvoi était, en effet, inutile, les numéros des articles permettant de retrouver rapidement, dans la première série, les passages qui correspondent à ceux de la seconde.

Imprimerie polyglotte A. Le Roy. — Fr. Simon Sr. — Rennes.

www.ingramcontent.com/pod-product-compliance
Lightning Source LLC
Chambersburg PA
CBHW050544210326
41520CB00012B/2704